Boustany

SAMI TAMIMI

Boustany

Vegane und vegetarische
Rezepte aus Palästina

DK

Inhalt

Willkommen in *Boustany* – »mein Garten« auf Arabisch

An diesem Buch habe ich, allerdings ungeplant, vier Jahre lang geschrieben. Ich begann mit der Arbeit gleich 2020 nach der Veröffentlichung meines letzten Buches *Palästina*.

Im Frühjahr 2020 beschlossen mein Partner und ich, uns eine Auszeit vom Londoner Chaos zu nehmen. Wir packten unsere Siebensachen, luden unsere zwei Hunde ins Auto und machten uns auf den Weg zu unserem Haus im italienischen Umbrien. Was als kurze Verschnaufpause von ein paar Wochen geplant war, wurde zu einem fast einjährigen Aufenthalt, quasi »erzwungen« durch die weltweite Corona-Pandemie. Damals durchlief ich eine Phase der Selbstreflexion und erlitt eine kleine Nervenkrise. Ein Wendepunkt für mich, nachdem ich zwei Jahrzehnte lang das operative Management des Ottolenghi-Food-&-Kitchen-Geschäfts geleitet hatte.

In Umbrien kochte ich rein zur Entspannung und dachte über die *Boustany*-Idee nach. Die stille Beschaulichkeit der italienischen Landschaft bot die perfekte Kulisse zur Einkehr und für kulinarische Experimente. Kochen war meine Therapie, ein Mittel, meine Gedanken und Gefühle zu sortieren. In dieser Zeit entstand das *Boustany*-Projekt. Dabei ging es nicht nur um das Entwickeln von Rezepten, sondern auch darum, alles mit den Geschichten, Erinnerungen und Emotionen zu verweben, die in vielen Zubereitungen verborgen sind. So entstand ein Spiegelbild meiner Wurzeln. *Boustany* ist mehr als eine Sammlung von Rezepten, es ist eine Reise zu mir selbst und eine Hommage an die Beziehungen, die durch und beim gemeinsamen Essen entstehen. Dieses Buch ist eine Hommage an die Schönheit kulinarischer Entdeckungen und verneigt sich vor der tiefgreifenden Wirkung, die sie auf unser Leben haben können. Es zeigt, dass wir selbst in schwierigsten Zeiten in der Küche Trost und Inspirationen finden können.

Boustany ist die Essenz eines ganzen Lebens am Herd, wenngleich die eigentliche Schreibarbeit erst vor wenigen Jahren begann.

Boustany nimmt Sie mit auf eine Reise, bei der die Geschichte der Küche meiner Heimat Palästina neu erzählt und jene Gerichte ins Licht gerückt werden, zu denen ich immer wieder zurückkehre. Es sind Rezepte mit Hintergrund und Geschichte.

Die Küche Palästinas

Vor 1948 spiegelte die palästinensische Küche das reiche kulinarische Erbe der Region wider, das sich durch eine unglaubliche Vielfalt an Aromen und Zutaten auszeichnete. Seitdem ist die Regionalküche kulturell und spirituell eng mit dem bewirtschafteten Land verbunden, was sich auch in ihrer Qualität niederschlägt. In Palästina ernähren wir uns fast ausschließlich von biologischen Erzeugnissen oder *baladi*, wie wir sie nennen, die vor Ort angebaut werden.

Die enge Verbundenheit zwischen den Menschen und ihrem Land ist zumindest teilweise darauf zurückzuführen, dass Landwirtschaft häufig die Haupteinnahmequelle war und ist. Zu den Grundnahrungsmitteln zählen Olivenöl, Getreide, Hülsenfrüchte, Datteln, Nüsse, Samen sowie eine große Vielfalt an frischem Obst und Gemüse.

Viele in Palästina ernähren sich außerdem von wild gesammelten Kräutern, Früchten und Pilzen. Das ist durch die vielgestaltige Landschaft möglich, in der eine Fülle von essbaren Pflanzen gedeiht. Sie ist wichtiger Bestandteil der Küche und Kultur, da sie von den Jahreszeiten diktiert wird und aus dem natürlichen Reservoir an wild wachsenden Gemüse- und Heilpflanzen schöpft. Die Nahrungssuche in der freien Natur ist ein traditioneller Brauch, der die Regionalküche nachhaltig geprägt hat. Gesammelt werden Wildkräuter wie Za'atar (wilde Thymianart) und Salbei, Salatgemüse wie Wilde Malve (*khubeza*), Zichorien, Portulak, Gundelia (*akub*) und Löwenzahn, aber auch Wildfrüchte wie Johannisbrotschoten, Maulbeeren, Kaktusfrüchte (*sabr*) und *zaerur* (Weißdorn).

Mit diesem »Speisezettel« bin ich aufgewachsen. Getreide und Hülsenfrüchten wurden geschickt in raffinierte Gerichte verwandelt und mit Gemüse und allerlei Kräutern zu nahrhaften und unglaublich farbenfrohen Mahlzeiten ergänzt.

Das sind sie, die Köstlichkeiten der palästinensischen Küche, der Küche meiner Kindheit: die Platten mit dampfendem Maftoul, reich garniert mit fleischigen Auberginen, der deftige Kichererbseneintopf, das duftende Linsen-Fatteh, das einen Tag später noch besser schmeckt. Es sind Gerichte, die ich kennen- und lieben gelernt, die ich zubereitet und mit Freunden geteilt habe. Jetzt möchte ich sie mit Ihnen teilen.

Das palästinensische Volk

Wer nicht nur durch meine Rezepte mehr über Palästina erfahren möchte, kann das über die Menschen dort tun. Dabei können Gespräche über Palästina schnell politisch und herausfordernd werden. Der tägliche Frust, den man in Palästina erlebt, ist oft schwer zu greifen für diejenige, die keinen Ausweis mit sich führen müssen und keine Genehmigung brauchen, um sich im eigenen Land frei zu bewegen. Im Westjordanland sind Checkpoints, Sperranlagen und komplizierte Vorschriften düstere Alltagsrealität.

Trotz dieser Herausforderungen haben die Menschen dort bemerkenswerten Mut dabei bewiesen, für die Bewahrung ihrer kulturellen Identität einzutreten, ihren Gemeinschaftssinn zu pflegen und ungeachtet politischer und sozialer Härten für eine bessere Zukunft zu kämpfen. Diese Widerstandsfähigkeit zeigt sich in vielen Bereichen des Alltags, von der Kulturpflege bis zum täglichen Miteinander.

Palästinenser und Palästinenserinnen sind bekannt für ihre Gastfreundschaft und ihren starken Zusammenhalt. Familie und Gemeinschaft haben einen hohen Stellenwert, und zu Feierlichkeiten wird oft ein reiches Aufgebot an köstlichen Speisen aufgetischt. *Boustany* ist eine Hommage an meine spirituelle Heimat und ihre Menschen.

Boustan – der Ort

Meine Großeltern mütterlicherseits, Hassan und Khanum, besaßen ein wunderschönes zweistöckiges Haus in Wadi Al-Tuffah, einer ruhigen Gegend in Hebron im südlichen Westjordanland. Es war umgeben von einem großen *boustan*, einem prächtigen Garten, in dem jede Menge Obst und Gemüse gedieh, um das sich mein Großvater das ganze Jahr hingebungsvoll kümmerte.

Die Zeit bei meinen Großeltern war eine der großen Freuden meiner Kindheit. Ich erinnere mich gern daran, wie ich in dem riesigen Garten herumlief, die warme Sonne auf meiner Haut und den fruchtbaren Boden unter meinen blanken Füßen spürte. Der Garten war ein Füllhorn an frischen Produkten, und jede Jahreszeit brachte spezielles Obst und Gemüse hervor. Er strotzte vor Vitalität und Genüssen, vor knackigen, saftigen Birnen und Äpfeln im Herbst, bis zum Steinobst, frischem Blattgemüse und aromatischen Tomaten im Frühling und Sommer.

Mein Großvater war sehr stolz auf seinen Garten, und diese Hingabe spiegelte sich in Qualität und Fülle seiner Früchte wider. Er lehrte mich, wie wichtig Geduld und Sorgfalt beim Gärtnern sind, eine Lektion, die mich mein Leben lang begleitet hat. Ich erinnere mich noch lebhaft daran, welche Freude es war, die reifen Früchte direkt vom Baum zu pflücken und Gemüse zu essen, das erst kurz zuvor geerntet worden war. Unsere Familienzusammenkünfte bei meinen Großeltern waren stets ein Fest für die Sinne. Meine Großmutter zog alle Register, wenn sie aus frischem Obst und Gemüse aus dem Garten und der Vorratskammer (*mooneh*) wunderbare Mahlzeiten zauberte. Obwohl sie alle Arbeiten selbst bewältigen konnte, gingen ihr meine Mutter und meine Tanten beim Kochen, Servieren und Aufräumen zur Hand. Diese Momente des Miteinanders, bei denen man bei köstlichem Essen mit Zutaten aus dem eigenen Garten zusammenkam, waren die schönste Art zu feiern.

Der Duft und Geschmack der frischen Zutaten aus eigener Erzeugung haben meine Küche nachhaltig geprägt. Viele meiner Rezepte schöpfen aus diesen Erinnerungen und verwenden das gleiche Obst und Gemüse, das mein Großvater mit so viel Liebe und Sorgfalt kultivierte. Beim Kochen fühle ich mich oft in jene Zeit im *boustan* zurückversetzt, zu der leuchtenden Farbenpracht und den herrlichen Düften im Garten meines Großvaters.

Boustany – das Buch

Bei meinen Gerichten in diesem Buch geht es nicht nur ums Essen, sondern auch darum, das Erbe meiner Großeltern und die Liebe, die sie in ihren Garten steckten, zu ehren. Jedes Rezept ist eine Hommage an die Aromen meiner Kindheit und an die Dinge, die mir mein Großvater beigebracht hat. Ich möchte mit meiner Küche die Wärme und Freude jener Tage in Wadi Al-Tuffah auf Ihren Esstisch bringen, mit bunten Gerichten, die mit tief empfundener Liebe und großer Wertschätzung für die Gaben der Natur zubereitet wurden.

Boustany bietet mehr als 100 zeitgemäße Kreationen, von herzhaft bis süß, von einfach bis raffiniert, von Suppen und Eintöpfen bis zu Salaten, schnellen Snacks und One-Pot-Gerichten, von Alltäglichem bis zum Festtagsschmaus.

Die Rezepte sind eine Mischung traditioneller Zubereitungen, mit denen ich aufgewachsen bin und die mich an meine Heimat, meine Eltern und meine Zeit in Jerusalem erinnern – Gerichte wie Kubbeh, Fattusch und Mejadra. Auf der anderen Seite fühlte ich mich bei der Rezeptauswahl nicht an die Liste traditioneller Spezialitäten gebunden. Einige Klassiker rücke ich in ein neues Licht, um ihnen einen frischen Anstrich zu verleihen, sodass etwas Neues und Originelles entsteht, ohne dass ich dem Original wirklich untreu werde. Bei dieser Loyalität geht es nicht nur um die Art der Zubereitung, sondern auch um die kulturelle Identität, die sich im Essen ausdrückt.

Einmal mehr habe ich mir die palästinensische Küche vorgenommen, nicht nur wegen meiner Herkunft, sondern weil ich glaube, dass die Küche, die Tradition und die Kultur Palästinas der Welt viel zu geben haben. Sie alle sind ein eindrucksvolles Zeugnis unserer Widerstandsfähigkeit und beispielhaft dafür, wie sich eine Esskultur über Generationen bewahren lässt.

Diese Rezepte und Geschichten festzuhalten, lastete mit einem Anspruch an Verantwortung auf meinen Schultern. Ich hoffe und wünsche mir, dass Sie die Rezepte ausprobieren und die Geschichten lesen und dass Sie mehr über Palästina, das Land, seine Menschen, seine Kultur und seine Küche erfahren möchten. Über diesen wunderbaren Ort, den ich meine Heimat nenne.

Rooted in Time
& Tradition

KAPITEL 1

Die Vorrats-kammer:

Pickles, Milchprodukte & Würzmittel

Mooneh ist Arabisch für »Speisekammer«. Dahinter verbirgt sich ein einzigartiges Konzept der Esskultur des Nahen Ostens, insbesondere in der palästinensischen und levantinischen Küche.

Mooneh bedeutet die Konservierung saisonaler Erzeugnisse wie Nusskerne, Getreide, Hülsenfrüchte, Obst, Gemüse und Milchprodukte, hauptsächlich, um ihre Aromen das ganze Jahr über genießen zu können. Vor allem, wenn diese Produkte eben keine Saison haben. Das Konservieren erfolgt meist durch Trocknen, Einlegen und andere Techniken der Haltbarmachung, sodass sich Obst und Gemüse länger lagern und mit wenig Abstrichen beim Genuss unabhängig von der Saison genießen lassen.

Typisch sind Oliven, sauer eingelegtes Gemüse, sonnengetrocknete Tomaten sowie verschiedenerlei getrocknete Kräuter oder auch Konfitüren. *Mooneh* spielt eine bedeutende Rolle für die Bewahrung der kulturellen Tradition, die von Generation zu Generation weitervererbt wird.

Red pepp

Pickles und sauer Eingelegtes sind eine wichtige Komponente im palästinensischen Zutatensortiment. Sie sorgen für Geschmack und bieten die Möglichkeit, saisonales Gemüse das ganze Jahr über zu genießen. Einmal zubereitet, sind sie ohne weitere Planung einsatzbereit, was eine *mooneh* (Speisekammer) zu einer ganzjährigen Schatztruhe macht. Verwenden Sie diese Pickles beispielsweise für Mus aus weißen Bohnen mit Orange, Makdous & Minze (s. S. 79).

Makdous ist ruckzuck gemacht, darum das »schnell« im Titel, allerdings müssen die Auberginen einige Zeit durchziehen, bis sie genussfertig sind. Makdous bereitet man traditionell mit Baby-Auberginen zu, die mit Knoblauch und Walnusskernen gefüllt werden. Bei diesem Rezept verwende ich jedoch die Standardgröße, das Ergebnis ist nicht weniger schmackhaft.

Für 6–8 Personen
als Teil einer
Mezze-Auswahl

Schnelles Makdous

Makdous Bitinjan

1 EL Zucker
½ Bio-Zitrone
2 Auberginen (700 g), geputzt und Stielansätze entfernt, gewürfelt (Kantenlänge 3 cm)
100 g Walnusskerne, grob gehackt
2 grüne Chilischoten, fein gehackt (30 g)
3 Knoblauchzehen, zerdrückt
1 EL Rote Paprikapaste (s. S. 29)
1 EL Rotes Shatta (s. S. 24)
Salz
300 ml Olivenöl

Am Vortag einen großen Topf mit 4 l Wasser füllen. Zucker, Zitrone und Auberginen hineinlegen. Einen passenden Teller darauflegen und mit einer Schüssel beschweren, sodass die Auberginen vollständig vom Wasser bedeckt sind. Alles zum Kochen bringen und die Auberginen bei mittlerer bis starker Hitze 30 Minuten garen, bis sie weich und blassgelb sind. Mit einer Schaumkelle herausnehmen und in einem Sieb unter fließendem Wasser kalt abschrecken, um den Garprozess zu stoppen. Das Sieb in eine große Schüssel hängen, einen passenden Teller hineinlegen und mit einem Gegenstand beschweren. Die Auberginen im Kühlschrank mindestens 12 Stunden (über Nacht) abtropfen lassen.

Während die Auberginen garen, die restlichen Zutaten außer dem Öl mit 2 TL Salz in einer mittelgroßen Schüssel verrühren. Bis zur Verwendung zugedeckt in den Kühlschrank stellen.

Am Folgetag die abgetropften Auberginen zu den Aromazutaten in der Schüssel mengen. Die Mischung in ein zuvor sterilisiertes Einmachglas füllen, das Öl darübergießen und das Glas fest verschließen. Das Glas auf dem Kopf in eine Schüssel stellen (in dieser eventuell austretendes Öl auffangen) und 1 Stunde stehen lassen, um sicherzugehen, dass die Auberginen vollständig mit Öl bedeckt sind. Anschließend das Glas wieder umdrehen und die Makdous an einem kühlen, dunklen Ort (Vorratskammer) lagern.

Die eingelegten Auberginen vor Verwendung 12 Tage durchziehen lassen. Sie halten sich bis zu 3 Monate.

Ich liebe Eingelegtes, es verleiht Zubereitungen die oft zur Abrundung nötige Säure. Diese eingelegten Baby-Auberginen lassen sich zu einem Drink oder als Teil einer umfangreicheren Auswahl an Gerichten genießen. Das Schöne an diesen Pickles ist die schnelle und einfache Zubereitung. Sie sind bereits am nächsten Tag genussfertig. Das Erhitzen der Essiglake beschleunigt den Prozess.

Das Ergebnis sind kräftige, säuerlich-scharfe Knoblauch-Pickles, bei denen keine Wünsche offen bleiben. Verwenden Sie für den Anfang die kleinsten Auberginen, die Sie finden können. Japanische Auberginen tun es zur Not auch.

Für 10 Personen als Beilage oder als Teil einer Mezze-Auswahl

Eingelegte Baby-Auberginen

Makbus Bitinjan

1½ EL grobes Meersalz
3 EL Zucker
230 ml klarer Essig
10 Baby-Auberginen (600 g)
2 EL Korianderkörner
3 Knoblauchzehen, halbiert
1 grüne Chilischote, in 3 Stücke geschnitten

Zu Servieren
Olivenöl
Koriandergrün, frisch gehackt

Meersalz, Zucker, Essig und 500 ml Wasser in einem großen Topf vermengen. Bei starker Hitze zum Kochen bringen.

Die Auberginen samt der Stielansätze längs vierteln, sodass sie an den Stielen noch zusammenhalten – an der Basis beginnen und den Schnitt bis zum Stiel führen, jedoch den Stiel selbst nicht einschneiden.

Die geviertelten Auberginen in die kochende Essiglake legen. Korianderkörner, Knoblauch und Chilischote hinzufügen, alles erneut zum Kochen bringen. Anschließend die Auberginen bei niedriger Hitze 8–10 Minuten garen (je nach Größe und Frische), bis sie weich sind.

Die gegarten Auberginen mithilfe einer Gabel oder einer Küchenzange in ein großes zuvor sterilisiertes Einmachglas (Fassungsvermögen 1 l) mit fest schließendem Deckel schichten. Mit der Essiglake bis 1,5 cm unterhalb des Randes auffüllen. Das Glas verschließen, ein wenig abkühlen lassen und in den Kühlschrank stellen. Die Pickles sind bereits am nächsten Tag verzehrbereit und halten sich bis zu 3 Wochen.

Zum Servieren die Auberginen in einer Schüssel anrichten, mit reichlich Olivenöl beträufeln und mit frisch gehacktem Koriandergrün bestreuen.

Wie bereits erwähnt, ist die Wildsammlung ein wichtiger Bestandteil der palästinensischen Kultur und Küche. Dabei kommt unser traditionelles Wissen zum Einsatz, die »Beute« aus der Natur wird zu regionalen Gerichten verarbeitet. Sie bereichern die kulinarische Landkarte mit einzigartigen Aromen. Eine solch umsichtige und nachhaltige Sammeltätigkeit trägt zum Erhalt des Ökosystems bei.

Diese Pickles verkörpern die Quintessenz der kulinarischen Erfindungsgabe in Palästina und machen saisonale Wildkräuter wie frisches Za'atar zu einem ganzjährigen Genuss. Mit der Zeit verbinden sich die Aromen harmonisch zu einer Symphonie.

Falls Sie kein frisches Za'atar bekommen, verwenden Sie frischen Oregano. Dies ist ein wunderbares Topping für jeden Dip, das sich aber auch unter Salate mischen, über Spiegeleier streuen oder zu Käse servieren lässt.

Ergibt 1 Glas à 300 ml

Eingelegtes Za'atar mit Chili & Zitrone

Makbus Za'atar w Laymonn

30 g frisches Za'atar (wilder Thymian, s. S. 308, Glossar) oder frischer Oregano
1 Bio-Zitrone (120 g)
2 große grüne Chilischoten (25 g), in dünne Ringe geschnitten
Salz
180 ml Olivenöl

Das Za'atar oder den Oregano waschen, trocken schütteln, grob hacken und in eine Schüssel füllen. Stielansatz und Basis der Zitrone kappen, die Frucht samt Schale in 5 mm große Würfel schneiden. Diese mit Chiliringen und 1 EL Salz zu dem Za'atar in die Schüssel mischen. Alles gründlich vermengen und in ein zuvor sterilisiertes Einmachglas (etwa 300 ml Fassungsvermögen) füllen.

Das Olivenöl darübergießen und die Mischung 10 Minuten stehen lassen, damit Luftbläschen entweichen können. Das Glas fest verschließen und das eingelegte Za'atar vor Verwendung mindestens 5 Tage an einem dunklen Ort lagern.

Labneh, eine vielseitig verwendete Grundzutat in der arabischen Welt, ist ein herb-säuerlicher Frischkäse, für den Joghurt eingesalzen wird. Die überschüssige Molke lässt man abtropfen. Dadurch erhält Labneh seine cremige Konsistenz. Je länger man ihn abtropfen lässt, desto kompakter und fester wird er. Labneh ist Dip oder Aufstrich oder kann zu Kugeln geformt und in Olivenöl eingelegt werden.

Mit seiner Schlichtheit und langen Haltbarkeit bietet hausgemachter Labneh eine schmackhafte Kostprobe palästinensischer Esskultur – und ist immer wieder ein Hochgenuss.

Labneh passt gut zu Roter Bete mit Labneh, gerösteten Nusskernen, Samen & Schnittlauch (s. S. 104), Gurken-Feta-Joghurt mit Dill, Mandeln & Rosenblättern (s. S. 118), Brokkoli-Labneh-Dip mit Knoblauch (s. S. 102) und Granatapfeleis mit Labneh (s. S. 298).

Ergibt 20 Bällchen, insg. etwa 500 g

Labneh

Labneh

1 kg griechischer Joghurt (10 % Fettgehalt)
Salz
Olivenöl

Eine große Schüssel mit Käseleinen oder einem Mull-/Passiertuch auslegen.

In einer weiteren Schüssel den Joghurt mit 2 TL Salz verrühren. Die Mischung in die vorbereitete Schüssel gießen, die Tuchecken zusammenführen und mit Küchengarn fest zu einem kompakten Bündel verschnüren. Das Bündel über eine Schüssel hängen (oder am Griff in eine hohe schwere Kanne hängen, sodass der Joghurt in die Kanne abtropfen kann). Den Labneh auf diese Weise 24–36 Stunden gekühlt abtropfen lassen, bis die Masse im Bündel dick und relativ trocken ist.

Sie können das Bündel auch in ein Sieb platzieren, mit einem Teller oder ein paar Konserven beschweren und über einer Schüssel abtropfen lassen – das Gewicht beschleunigt den Prozess.

Den Labneh in einen sterilisierten, fest schließenden Behälter oder ein Einmachglas füllen und mit Olivenöl knapp bedecken.

Für die Labneh-Bällchen (à 20 g) die Hände mit etwas Öl benetzen, die Masse zwischen den Händen rollen. Die Bällchen auf ein mit Tuch ausgelegtes Blech legen und für einige Stunden (oder über Nacht) in den Kühlschrank stellen, damit sie fester werden.

Ein zuvor sterilisiertes Einmachglas (etwa Ø 10 cm und 12 cm hoch) zur Hälfte mit Olivenöl füllen. Die Bällchen einlegen. Falls nötig, weiteres Öl angießen, bis sie vollständig bedeckt sind.

Das Glas fest verschließen. Den Labneh im Kühlschrank bis zu 3 Monate aufbewahren. Ohne Ölbedeckung halten sich die Labneh-Bällchen etwa 2 Wochen.

Ich liebe Chilischoten, und gewöhnlich tummeln sich in meinem Kühlschrank so einige Gläser mit eingelegten Chilis, Salsas und Chilisaucen unterschiedlichster Herkunft. Ich serviere sie als würzige Beigabe zu jeder Mahlzeit, beispielsweise zu Avocado-Erbsen-Röstbrot mit Kräutern (s. S. 63), Röstbrot mit Rührei & gerösteten Chili-Kirschtomaten (s. S. 60) oder zu Kalter Tomaten-Avocado-Suppe mit Chili (s. S. 140).

Diese Salsa ist von rauchig-süßlichem Aroma und schmeckt einfach köstlich zu Käse oder Dips wie Hummus, man kann sie aber auch einfach auf einen Buttertoast streichen. Sie glänzt sogar auf einem Sandwich, wo sie einen feurigen Akzent setzt und die Geschmacksknospen kitzelt.

Das Rösten des Knoblauchs führt zu ein wenig Rauchentwicklung, sorgen Sie also für eine gute Belüftung der Küche. Oder Sie verlegen die Angelegenheit gleich nach draußen auf den Grill!

Ergibt 1 Glas à 250 ml

Rauchige Chilisalsa

Shatta Mishwiyyeh

5 große rote Chilischoten (110 g)
5 Knoblauchzehen (27 g)
75 ml Olivenöl, plus mehr zum Bedecken
1 TL Apfelessig
½ TL gemahlener Kreuzkümmel
½ TL Urfa-Chiliflocken (nach Belieben)
Salz

Die Chilischoten der Länge nach vom Stielansatz zur Spitze auf einen Spieß stecken (Holzspieße zuvor wässern, damit sie nicht ankokeln). Je nach Länge der Chilischoten (und der Spieße!) benötigen Sie eventuell mehr als einen Spieß. Den Spieß über die offene Flamme eines Gasbrenners (oder auf dem Holzkohlegrill) platzieren und regelmäßig wenden, bis die Schoten von allen Seiten geschwärzt sind und das Fruchtfleisch weich zu werden beginnt – das dauert 4–5 Minuten.

Die Chilischoten vom Spieß entfernen, in eine Schüssel legen und mit einem Teller zudecken. Sobald man die Schoten anfassen kann, die Schale abziehen (das sollte ganz leicht gehen) und das Innere entfernen (falls Sie Ihre Salsa etwas feuriger mögen, die Chilischoten jedoch nicht auskratzen). Die Schoten fein hacken und in eine Schüssel füllen.

Die ungeschälten Knoblauchzehen ebenso aufgespießt schwärzen, dabei regelmäßig wenden. Sie sollten gerade weich werden – das dauert etwa 3 Minuten. Schalen abziehen, Knoblauch hacken und zu den Chilischoten in die Schüssel mischen. Olivenöl, Essig, Kreuzkümmel und Chiliflocken (falls verwendet) hinzufügen. Alles sorgfältig vermengen. Die Salsa in ein zuvor sterilisiertes Glas mit Schraubverschluss (250 ml Fassungsvermögen) füllen und gegebenenfalls noch etwas Öl zugießen, sodass die Zutaten vollständig davon bedeckt sind. Fest verschließen und im Kühlschrank lagern.

Diese Chilisalsa hält sich im Kühlschrank bis zu 2 Wochen.

Shatta ist eine feurige Chilisauce, die aus dem Nahen Osten stammt und in Palästina, Syrien, Jordanien, im Libanon und Jemen beliebt ist. Traditionell zerstößt man dafür frische oder getrocknete rote oder grüne Chilischoten mit Salz. Diese Paste fermentiert einige Tage in der Sonne. Dann wird alles mit Olivenöl versetzt.

Shatta ist vielseitig einsetzbar, ich verwende es für so manches Rezept in diesem Buch, zum Beispiel: Zucchini-Lauch-Ijeh (Arabische Frittata) (s. S. 58), Tahini-Tomaten-Dip mit Minze (s. S. 92), Fermentierten Rübstiel (s. S. 95) und Geröstetes Ofengemüse mit Zitrone & Za'atar (s. S. 76). Die Hauptzutat von Shatta sind Chilischoten und entsprechend der Sorte kann die Sauce von mild bis extrascharf ausfallen.

Shatta sorgt für eine süßlich-pikante Note, die jedes Gericht aufwertet. Nach dem ersten Einsatz kann es süchtig machen und vielleicht sogar Ihren Küchenalltag revolutionieren. Shatta eignet sich als Basis für Suppen, Eintöpfe und Dressings. Oder werden Sie kreativ und löffeln Sie es mit Honig verrührt über Spiegeleier, gebratenen Halloumi oder Buttertoast. Die Möglichkeiten sind unbegrenzt.

Ergibt 1 mittelgroßes Glas

Shatta – rote oder grüne Chilisauce

Shatta Hamrah w Khadra

300 g lange, rote oder grüne Chilischoten, von Stielen befreit und in feine Ringe geschnitten
Salz
2 EL Apfelessig
2 EL Zitronensaft
3–4 EL Olivenöl oder mehr nach Bedarf

Die Chilischoten im Mixer mit 1½ EL Salz zu einer feinen Paste zermahlen.

Diese Chilipaste in ein zuvor sterilisiertes Glas (500 ml Fassungsvermögen) mit Deckel füllen und glatt umrühren. Das Glas fest verschließen und für 3 Tage in den Kühlschrank stellen.

Nach 3 Tagen die Chilipaste in ein Sieb über einer Schüssel gießen. Die abgetropfte Flüssigkeit entsorgen, die Chilischoten wieder in das Glas legen. Den Essig und den Zitronensaft hinzufügen, gut umrühren und alles mit dem Olivenöl bedecken. Das Glas verschließen und im Kühlschrank lagern.

Shatta hält sich bis zu 3 Monate. Vor dem Gebrauch gut umrühren und gegebenenfalls mit weiterem Olivenöl bedecken, bevor Sie es wieder in den Kühlschrank stellen.

Jeder angesehene Hummus-Händler in Jerusalem und in anderen Teilen Palästinas bietet seine eigene Version dieser feurigen, herb-säuerlichen und leicht knofeligen Salsa, die man zum Verfeinern über Speisen (beispielsweise Hummusgerichte) träufelt. Sie bringt einen angenehmen Kontrast zu üppig cremigem Hummus, besonders zum Frühstück. Ihr vielschichtiges Aroma verleiht Gerichten Tiefe und eine kühlende Frische, die Löffel für Löffel den Gaumen belebt.

Verwenden Sie die Salsa als Würzmittel, das Sie großzügig über Spiegeleier, herzhafte Suppen oder deftige Eintöpfe löffeln können. Jeder Klecks bringt ein Mehr an Vielschichtigkeit und verbessert den Gesamteindruck. Auch bei meinen Rezepten kommt sie zum Einsatz, etwa für meine Auberginen & Kichererbsen mit grüner Chili-Zitronen-Salsa (s. S. 179) und für die Ofen-Süßkartoffeln getoppt mit Schwarzaugenbohnen (s. S. 182).

Ergibt etwa 120 g

Grüne Chili-Zitronen-Salsa

Tatbeelet Laymonn Khadra

10 g Petersilie, fein gehackt
1 grüne Chilischote, fein gehackt
75 ml Zitronensaft
2 EL Weißweinessig
2 Knoblauchzehen, zerdrückt
Salz

In einer Schüssel Petersilie, Chilischote, Zitronensaft und Essig mit Knoblauch und ½ TL Salz vermengen. Diese Sauce sofort servieren. Falls Sie die Sauce im Voraus zubereiten, geben Sie die Petersilie erst unmittelbar vor dem Servieren hinzu.

Die Sauce hält sich im Kühlschrank bis zu 3 Tage.

Diese Rote Paprikapaste ist ein vielseitiges Würzmittel, das ähnlich wie Tomatenmark als würzige Basis verschiedener Gerichte dient. In der palästinensischen Küche werden eine solche Paprikapaste und das einschlägige Tomatenmark häufig im Team eingesetzt, was für geschmacklichen Tiefgang und Vielschichtigkeit bei der Kreation der Aromen sorgt.

Diese Paste lässt sich als vielseitiger Aufstrich für Fladenbrot oder Sandwiches genießen, aber ebenso gut unter Tahini mengen oder auch zu einem schnellen Dip sowie zu einem Gemüsedressing verarbeiten. Ich habe sie in diesem Buch dementsprechend für folgende Zubereitungen verwendet: Gekühlte Taboulé-Suppe (s. S. 147), Mais-Bohnen-Suppe mit Weißkohl (s. S. 148), Couscous-Puffer mit Zitronenjoghurt (s. S. 223) und auch für Bulgur-Kubbeh (s. S. 216).

Ergibt 1 Glas à 500 ml

Rote Paprikapaste

Dips al Filfil

4–5 große rote Paprikaschoten (1 kg)
2 EL Olivenöl, plus mehr nach Bedarf
6 große rote Chilischoten (120 g), ausgekratzt und grob gehackt
1½ TL Paprikapulver edelsüß
1½ TL gemahlener Kreuzkümmel
2 EL Apfelessig
Salz

Den Backofen auf 220 °C Umluft vorheizen.

Die Paprikaschoten auf ein mit Backpapier bedecktes Blech legen, mit 1 EL Olivenöl einreiben und im Ofen etwa 45 Minuten rösten, bis sie ganz weich und stellenweise geschwärzt sind. In eine Schüssel legen, mit einem Teller zudecken und etwa 20 Minuten abkühlen lassen. Anschließend die Schale abziehen, die Schoten auskratzen. Das Fruchtfleisch in ein Sieb legen und über einer Schüssel 30 Minuten abtropfen lassen. Die abgetropfte Flüssigkeit entsorgen.

Den Ofen auf 150 °C Umluft vorheizen.

Geröstete Paprikaschoten mit Chilischoten, restlichem Olivenöl (1 EL), Gewürzen, Essig und 1 EL Salz im Mixer 2–3 Minuten zu einer glatten Paste verarbeiten. Diese Paste gleichmäßig auf einem mit Backpapier ausgelegten Blech verstreichen und im Ofen 1 Stunde backen, bis sie eingedickt ist. Zwischendurch ab und zu durchrühren.

Die Paprikapaste in ein zuvor sterilisiertes Glas (500 ml Fassungsvermögen) füllen und so viel Öl zugießen, dass sie davon bedeckt ist. Das Glas verschließen, die Paste leicht abkühlen lassen und bis zu 2 Monate im Kühlschrank aufbewahren. Sie können die Paste auch portionsweise in kleine Gefrierbeutel oder in einen Eiswürfelbehälter füllen und einfrieren für einen immer griffbereiten Vorrat, der den Küchenalltag erleichtert.

Tahini-Sauce ist ein praktisches Würzmittel aus dem Nahen Osten. Sie ist äußerst schmackhaft und lässt sich in nur wenigen Minuten zubereiten. Eine Tahini-Sauce sollte cremig, knofelig, säuerlich-herb und nussig sein, sie ist der perfekte Begleiter zu Salaten und Sandwiches, aber auch schlicht mit frischem Brot ein Genuss.

Ich verwende die Sauce für eine ganze Reihe von Rezepten in diesem Buch: Auberginen-M'tabbal (s. S. 74), Geröstete Kichererbsen mit Koriander-Tahini (s. S. 88), Gerösteten Blumenkohl mit Tahini & Tomaten (s. S. 135), Ofen-Süßkartoffeln getoppt mit Schwarzaugenbohnen (s. S. 182), Bil Siniyhe mit Spitzkohl & Tahini (s. S. 191) oder Bulgur-Kubbeh (s. S. 216). Es gibt jedoch noch Hunderte anderer Verwendungsmöglichkeiten. Die Hauptzutat ist Tahini, eine cremige Paste, die aus geschältem, geröstetem und gemahlenem Sesam gemacht ist und von herzhaft-nussigem Geschmack ist. Hergestellt wird sie ähnlich wie Erdnussmus.

Tahini sollte glatt, gießfähig und von blassgelber Farbe sein. Die besten Ergebnisse erzielen Sie mit Produkten aus Palästina und dem Libanon. Da sich das Öl leicht absetzt, sollte man Tahini vor dem Gebrauch immer gut schütteln oder durchrühren.

Ergibt etwa 300 g

Tahini-Sauce

Tahinia

150 g Tahini (Sesammus)
3 EL Zitronensaft
1 kleine Knoblauchzehe, zerdrückt
Salz

Tahini, Zitronensaft, Knoblauch, ½ TL Salz und 120 ml kaltes Wasser in einer Schüssel mit einem Löffel oder einem kleinen Schneebesen verrühren, bis sich die Zutaten vollständig zu einer dicken, gießfähigen Paste verbunden haben. Als Sauce mit weiterem Zitronensaft und Salz abschmecken.

Die Tahini-Sauce in einem fest verschlossenen Behälter aufbewahren. Sie hält sich im Kühlschrank bis zu 1 Woche.

Ergibt 1 Glas à 400 ml

Ein Glas dieser wohlschmeckenden Sumach-Zwiebeln sollten Sie immer im Kühlschrank haben. Es kommt wie gerufen, sei es, um Hummus, Fattusch oder ein Käsesandwich zu veredeln, als Topping für Falafel-Wraps, oder um einer Linsensuppe oder Fatteh die nötige Säure zu verleihen.

Sumach-Zwiebeln sind fester Bestandteil mehrere *Boustany*-Rezepte und sorgen für eine geschmackliche Note, die nur schwer zu kopieren ist. Mit einem Glas dieser Zwiebeln zur Hand lässt sich jederzeit ein köstliches palästinensisches Essen auf den Tisch zaubern, beispielsweise Linsenmus mit Tahini & weich gekochte Eier (s. S. 50), Auberginen & Dicke Bohnen mit Setzeiern (s. S. 53) oder Gegrillter Halloumi mit Portulaksalat (s. S. 164).

Sumach-Zwiebeln

Basal bil Sumac

1 große rote Zwiebel (etwa 150 g), halbiert und in feine Streifen geschnitten
1½ EL Sumach
100 ml Apfelessig
3 EL Zitronensaft
Salz

Die Zwiebeln in ein Einmachglas mit Deckel (400 ml Fassungsvermögen) füllen. Den Sumach hinzufügen und das Glas bei Raumtemperatur beiseitestellen.

In einer Schüssel den Essig mit Zitronensaft, 1 EL Salz und 100 ml Wasser gründlich verrühren, bis sich das Salz aufgelöst hat. Die Mischung über die Zwiebeln in das Glas gießen, das Glas verschließen und behutsam schütteln.

Am Folgetag sind die Sumach-Zwiebeln einsatzbereit. Sie halten sich im Kühlschrank bis zu 3 Wochen.

Nuts + seeds

Wir Palästinenser haben eine Schwäche für Nusskerne. Wenn wir sie nicht gerade als Snack knabbern, verwenden wir sie für alle möglichen süßen und herzhaften Zubereitungen. Zahlreiche Reis-, Nudel- und Fatteh-Gerichte werden mit in Butter geschwenkten oder gerösteten Nusskernen vollendet, um einen knusprig-kernigen Akzent zu setzen. Oft werden sie in Ghee oder Butter geröstet, wodurch sie noch aromatischer und gehaltvoller werden.

Sie können die angegebenen Mengen verdoppeln oder verdreifachen und die Mischung über Salate, Reis und Pasta streuen oder als Snack oder Teil einer Auswahl kleinerer Bissen servieren. Diese Nusskerne kommen auch zum Einsatz bei Roter Bete mit Labneh, gerösteten Nusskernen, Samen & Schnittlauch (s. S. 104) sowie bei den Ouzi-Filo-Teigtaschen (s. S. 224).

Experimentieren Sie ruhig mit verschiedenen Nusssorten oder wählen Sie einen Mix mit Sesam- und Schwarzkümmelsamen für extrakernigen Biss. Ihre Vielseitigkeit und ihr unwiderstehlicher Geschmack machen diese Nusskerne und Samen garantiert zu einer festen Größe in Ihrem Küchenrepertoire.

Ergibt 1 Glas à 300 ml

Geröstete Nusskerne & Samen

Khaltet Mukassarat

50 g blanchierte Mandelkerne
50 g Pinienkerne
50 g Kürbiskerne
50 g Sonnenblumenkerne
2 EL Olivenöl
1 TL Aleppo-Chiliflocken (Pul Biber oder andere milde Chiliflocken)
Salz
1 EL Sumach

Den Backofen auf 175 °C Umluft vorheizen.

Sämtliche Nusskerne und Samen in eine mittelgroße Schüssel geben. Das Olivenöl, die Chiliflocken und ½ TL Salz hinzufügen und alles sorgfältig vermengen, sodass die Nüsse rundherum mit Öl und den Gewürzen bedeckt sind. Die Mischung auf einem Backblech ausbreiten, im Ofen 10–12 Minuten rösten und dabei hin und wieder wenden.

Das Blech aus dem Ofen nehmen und den Nusskern-Samen-Mix mit dem Sumach bestreuen. Vollständig abkühlen lassen und anschließend in einem fest verschlossenen Glas oder einem anderen geeigneten Gefäß lagern.

Die gerösteten Nüsse und Samen halten sich bis zu 2 Wochen.

Die Menschen aus Gaza sind für ihre Widerstandsfähigkeit bekannt, doch ihr reiches kulinarisches Erbe wird oft verkannt. Leider hat das Leben unter der Besatzung dazu geführt, dass viele Zutaten und Rezepte aus den palästinensischen Küchen verschwunden sind, sodass der Esstisch um einiges ärmer geworden ist. Dieses traditionelle Dukkah, das wegen seines erdigen Farbtons auch »Ackerboden Gazas« genannt wird, ist eine betörende Mischung aus gerösteten Zutaten, in die man in Olivenöl getränkte Brotstücke tunkt.

Für die klassischen Dukkah-Versionen aus Gaza werden zunächst Weizenkörner bei geringer Hitze geröstet und anschließend mit gerösteten und zerstoßenen braunen Linsen sowie einer Samenmischung vermengt. Zuletzt wird das Dukkah großzügig mit Salz, Sumach, Zitrone und reichlich Chiliflocken verfeinert, ganz im Sinne der palästinensischen Vorliebe für feurige Aromen.

Diese schmackhafte Mischung können Sie großzügig über Salate, Suppen oder frisch gebackenes Brot streuen, um für einen Aromaschub und ein knuspriges Element zu sorgen. Auch für den Röstbrot mit Feta, Gurken & Dukkah (s. S. 64) bietet sie sich an.

Ergibt etwa 120 g

Dukkah nach Gaza-Art

Duqqa Ghazawiya

50 g Weizenschrot oder Bulgur
1 TL Kreuzkümmelsamen
1 TL Korianderkörner
1 TL Kümmelsamen
1 TL Dillsamen
3 EL Sesam
1 EL Sumach
½ TL Aleppo-Chiliflocken (Pul Biber oder andere milde Chiliflocken)
Salz

Den Backofen auf 180 °C Umluft vorheizen.

Den Weizenschrot auf einem mit Backpapier bedeckten Blech verteilen und im Ofen 10 Minuten rösten, bis er goldbraun ist. Regelmäßig umrühren und anschließend abkühlen lassen.

Kreuzkümmel-, Koriander-, Kümmel- und Dillsamen in einer Pfanne ohne Fett bei mittlerer Hitze rösten und regelmäßig durchschwenken, bis die Mischung aromatisch duftet. Das dauert etwa 5 Minuten. Aus der Pfanne nehmen und abkühlen lassen.

In derselben Pfanne den Sesam 5 Minuten goldgelb rösten. Die Pfanne regelmäßig schwenken, damit die Samen gleichmäßig Farbe nehmen. Anschließend separat in einer kleinen Schale abkühlen lassen.

Geröstete Gewürze, Sumach und Chiliflocken in einer Gewürz- oder Kaffeemühle etwa 1 Minute fein zermahlen (nicht so lange, dass sie sich in eine Paste verwandeln). Herausnehmen und anschließend den Weizenschrot 2–3 Minuten fein zermahlen. Gemahlenen Schrot mit Gewürzen, Sesam und ½ TL Salz sorgfältig vermengen.

Das Dukkah hält sich in einem fest verschlossenen Behälter an einem dunklen, kühlen Ort bis zu 6 Monate.

Mit seinem warmen, lakritzartigen Aroma ist Baharat el Ka'ak ein wahres Fest für die Sinne. Es ist der Star zahlreicher süßer Backwaren, denen es eine einzigartige und unwiderstehliche Note verleiht.

Arabische Gewürzmischungen sind im Westen für ihr warmes, erdiges, süßlich-nussiges Aroma bekannt, im Nahen Osten werden sie für zahlreiche herzhafte Gerichte verwendet. Baharat el Ka'ak lässt sich für Kleingebäck, Kuchen und ganz besonders für Desserts und Gebäck auf Milchbasis einsetzen, etwa für mein Mit Käse & Konfitüre gefülltes Hefebrot (s. S. 250).

Ergibt etwa 35 g

Süßes Baharat

Baharat el Ka'ak

15 g Fenchelsamen
8 g Anissamen
2 TL Mastix (s. S. 308, Glossar)
12 g Mahleb (s. S. 308, Glossar)

Die Fenchel- und Anissamen in einer Pfanne ohne Fett bei mittlerer Hitze 3 Minuten rösten, dabei regelmäßig durchrühren oder schwenken, bis die Mischung aromatisch duftet. Aus der Pfanne nehmen und abkühlen lassen.

Die abgekühlten Samen im Mörser mit Mastix und Mahleb ganz fein zermahlen. Dieses süße Baharat in einem fest verschlossenen Behälter lagern. Es hält sich so an einem trockenen Ort mehrere Monate.

Baharat heißt auf Arabisch einfach »Gewürze«. Der Begriff bezeichnet eine aromatische Gewürzmischung und ist in vielen Haushalten Palästinas und des Nahen Ostens eine feste Größe. Viele Familien haben ihre ganz persönliche Rezeptur, die von Generation zu Generation weitergereicht wird. Die Zusammensetzung kann variieren, üblich sind schwarze Pfefferkörner, Korianderkörner, Kardamom, Muskatnuss, Zimt, Gewürznelken, Kreuzkümmel und Piment. Baharat verleiht vielen Gerichten eine vielschichtige süßlich-warme Note. Obwohl im Handel erhältlich, stelle ich mein Baharat selbst her.

Ergibt etwa 50 g

Baharat

Baharat

1 TL schwarze Pfefferkörner
1 TL Korianderkörner
5–6 Kardamomkapseln
½ Muskatnuss, gerieben
1 kleine Zimtstange, grob zerstoßen
½ TL Gewürznelken
1½ TL Kreuzkümmelsamen
1½ TL Pimentkörner

Sämtliche Gewürze in einer Gewürzmühle oder im Mörser zu ganz feinem Pulver zermahlen. In einem fest verschlossenen Behälter und trocken gelagert hält sich das Baharat 2 Monate.

KAPITEL 2

Frühstück & Brunch

Das palästinensische Frühstück ist nicht bloß eine Mahlzeit, es ist ein lieb gewonnenes gemeinschaftliches Ritual, das Familie und Freunde an einem reich gedeckten Tisch zusammenbringt. Das zwanglose Gelage ist wie eine warme Begrüßung des bevorstehenden Tages, man spricht miteinander und feiert die Gemeinschaft.

Auf unserem Frühstückstisch stehen dabei Gerichte zum gemeinschaftlichen Teilen, die an Aromen und Konsistenz jede Menge zu bieten haben. Khubz und Ka'ak, serviert mit Schälchen von Olivenöl und Za'atar zum Dippen, laden zu dem simplen Vergnügen ein, duftendes, warmes Brot zu zupfen. Hummus und Ful Medames sorgen mit einer Auswahl an Käsesorten wie dem säuerlich-cremigen Labneh für Substanz und Proteine.

Knackiges Gemüse und Oliven setzen einen frischen Akzent, der die gehaltvolle Mahlzeit perfekt abrundet. Und neben den vielen herzhaften Genüssen ist zur Freude unserer Naschkatzen mit Butter und Feigen- oder Aprikosenkonfitüre auch für das süße Element gesorgt. Dazu wäre kein palästinensisches Frühstück vollständig ohne Unmengen an gesüßtem Minz- oder Salbeitee, der die Gemüter besänftigt.

Als stolzer Palästinenser starte ich immer mit herzhaften Gerichten in den Tag und genieße jeden Bissen, bevor ich zu Gebäck und süßen Leckereien wie Armen Rittern oder einem nahrhaften Müsli übergehe. Und wem die Zubereitung einer so umfangreichen Auswahl an Speisen zu aufwendig für morgens erscheint, keine Sorge – das Schöne an der palästinensischen Küche ist ihre Vielseitigkeit. Alle in diesem Kapitel vorgestellten Gerichte sind ebenso schmackhafte Optionen für ein Mittag- oder Abendessen, sodass der Geist der Gastlichkeit zu jeder Tageszeit das Geschehen auf dem Esstisch bestimmt.

Vor einigen Jahren, auf einer Reise in das malerische Städtchen Bucerías an der Pazifikküste Mexikos, habe ich zum ersten Mal *migas con huevos* (auch als *huevo con tortilla* bekannt) zum Frühstück gegessen. Das einfache Gericht besteht aus knusprig gerösteten Mais- oder Mehltortillas, gerösteten Zwiebeln, Tomaten, Jalapeños und Rührei. Ich dachte damals sofort, es könnte genauso gut palästinensischer Herkunft sein, da die meisten Zutaten auch dort problemlos erhältlich sind.

Dieses fabelhafte Pfannengericht ist der denkbar beste Auftakt für das Wochenende. Es geht ganz einfach und haucht altem Brot neues Leben ein, was ich im Kampf gegen Lebensmittelverschwendung immer mit einem »Daumen hoch!« quittiere.

Für 4 Personen

Setzeier mit Pita-Croûtons, Tomaten & Za'atar

Beyd Makli ma' Khobez w Za'atar

- 2 altbackene Pita-Brote (200 g)
- 4 EL Olivenöl, plus mehr zum Beträufeln
- 4 Frühlingszwiebeln (100 g), in Röllchen geschnitten
- 2 mittelgroße Tomaten (285 g), grob gewürfelt
- 1 grüne Chilischote (20 g), ausgekratzt und fein gehackt
- Salz und frisch gemahlener schwarzer Pfeffer
- 4 Eier
- 2 TL Za'atar

Die Pita-Brote mit einem kleinen scharfen Messer waagerecht durchschneiden, anschließend in mundgerechte Stücke rupfen (etwa 2 × 3 cm).

Die Brotstücke in einer Pfanne in 3 EL Olivenöl etwa 5 Minuten goldbraun und knusprig rösten. Herausnehmen. Das restliche Öl (1 EL) sowie Frühlingszwiebeln, Tomaten und Chilischote in der Pfanne vermischen. Alles mit ⅓ TL Salz und schwarzem Pfeffer verfeinern und 3 Minuten anschwitzen.

Die Pita-Croûtons wieder in die Pfanne füllen, die Eier hineinschlagen und mit 1 kräftigen Prise Salz bestreuen. Das Eiweiß mit einer Gabel leicht verquirlen, aber achtgeben, dass die Eigelbe intakt bleiben. Die Pfanne zudecken und alles weitere 7–8 Minuten garen, bis das Eiweiß gestockt, das Eigelb jedoch noch flüssig ist. Mit dem Za'atar bestreuen, mit 1 kräftigen Schuss Olivenöl abrunden und in der Pfanne am Tisch servieren.

Ergibt 20 Stück; für 4–6 Personen

Gaza hat seine eigene Version der berühmten Falafeln. Zwar kann das Rezept je nach Familientradition oder persönlicher Vorliebe variieren, charakteristisch für die Gaza-Variante ist jedoch eine Mischung aus Kichererbsen, Fava (Dicke Bohnen), grünen Chilischoten, Frühlingszwiebeln und Korianderkörnern.

Ähnlich den ägyptischen Falafeln, auch als Ta'ameya bekannt, werden Falafeln in Gaza gewöhnlich mit Tahini-Sauce (s. S. 32), rohem Gemüse, Shatta – roter oder grüner Chilisauce (s. S. 26) und Pita-Brot serviert, was sie zu einer ebenso schmackhaften wie sättigenden Angelegenheit macht, die sich großer Beliebtheit erfreut. Meine Version kommt nur mit Dicken Bohnen aus und verzichtet auf Kichererbsen sowie Chilischoten und Frühlingszwiebeln.

Falafeln mit Dicken Bohnen aus Gaza

Falafel Ghazawi

250 g getrocknete halbierte Dicke Bohnen
1 mittelgroße Lauchstange (100 g), Weißes und fast alles Grüne in dünne Scheiben geschnitten
1 Knoblauchzehe, zerdrückt
20 g Petersilie, grob gehackt
20 g Koriandergrün, grob gehackt
1 TL gemahlener Kreuzkümmel
½ TL Backpulver
Salz
1 EL weißer Sesam
1 EL Koriandernkörner, grob zerstoßen
Sonnenblumenöl zum Frittieren (ca. 500 ml)

Zum Servieren
Tahini-Tomaten-Dip mit Minze (s. S. 92)
Brot zum Auftunken oder Füllen
Pickles nach Wahl

Die Dicken Bohnen waschen, in einer großen Schüssel mit mindestens dem doppelten Volumen an kaltem Wasser bedecken und 5 Stunden einweichen.

Den Lauch im Mixer 1 Minute ganz fein hacken. Die eingeweichten Bohnen abgießen und in einer Schüssel mit Knoblauch, Petersilie und Koriandergrün vermengen. Die Hälfte der Mischung und 1 EL kaltes Wasser mit dem Lauch im Mixer 2–3 Minuten zu einer glatten Paste verarbeiten. Falls nötig, zwischendurch den Rand des Mixbechers nach unten abkratzen. Ist die Masse noch leicht körnig, 1 weitere Minute mixen.

Die Masse in eine Schüssel geben, die andere Hälfte der Bohnenmischung im Mixer zerkleinern und unter die Masse mischen. Kreuzkümmel, Backpulver und 1 TL Salz hinzufügen, alles sorgfältig vermengen.

Aus der Masse mit angefeuchteten Händen die Falafeln formen. Dazu jeweils 1 EL (etwa 30 g) der Masse abstechen, in die Hand pressen und zu einem kompakten Bällchen rollen. Die Bällchen behutsam abflachen, bis sie etwa 15 mm dick sind und Ø 6 cm messen. In der Mitte mit dem Finger eine Vertiefung drücken – so garen die Falafeln gleichmäßiger. Sämtliche Falafeln formen und auf einen Teller legen – 20 Stück insgesamt. Mit dem Sesam und den zerstoßenen Korianderkörnern bestreuen.

Zum Frittieren einen etwa 20 cm hohen Topf mit dickem Boden etwa 3 cm hoch mit Öl füllen und dieses bei mittlerer bis hoher Temperatur erhitzen. Um zu prüfen, ob das Öl heiß genug ist, etwas Falafel-Masse hineingeben. Beginnt sie sofort zu brutzeln, ist das Öl einsatzbereit. Die Falafeln portionsweise vorsichtig in das heiße Öl gleiten lassen (vier bis fünf Stück pro Portion) und 3 Minuten frittieren, bis die Puffer kräftig gebräunt und durchgegart sind. Nach der Hälfte der Zeit wenden.

Die frittierten Falafeln mit einer Schaumkelle herausnehmen und auf einem Teller mit Küchenpapier abtropfen lassen. Die Falafeln mit dem Dip sowie Brot und Pickles nach Wahl sofort servieren.

Adas Medames sind nahe Verwandte der traditionellen Ful Medames, bei denen Dicke Bohnen die Hauptrolle spielen. Ful Medames werden im Allgemeinen als herzhaftes Frühstück oder auch als sättigende Mahlzeit zu jeder anderen Tageszeit gegessen. Linsen anstelle der Dicken Bohnen machen das Gericht deutlich leichter und auch einfacher zu realisieren, da Dosenlinsen überall erhältlich sind und man sie gut bevorraten kann.

Auch wenn sich die eine wichtige Grundzutat ändert, werden beide Versionen auf die gleiche Weise zubereitet; doch was das Gericht wirklich ausmacht, sind Knoblauch und Chilischoten, während Kreuzkümmel, Koriandergrün, Tomaten und Tahini für das vielschichtige Aroma sorgen. Ich lege Ihnen sehr ans Herz: Servieren Sie dazu immer warmes Fladenbrot zum »Auflöffeln« der Adas.

Für 2 Personen als Hauptgericht, für 4 als Teil einer Mezze-Auswahl

Linsenmus mit Tahini & weich gekochte Eier

Adas Medames

- 2 Eier (Größe L; nach Belieben)
- 4 EL Olivenöl, plus mehr zum Abrunden
- 3 Knoblauchzehen, geschält und zerstoßen
- 1 grüne Chilischote, fein gehackt
- 1 TL gemahlener Kreuzkümmel
- 1 Dose braune Linsen (à 400 g), abgebraust und abgetropft (330 g)
- 3 mittelgroße Tomaten (300 g), gehäutet und gewürfelt (Kantenlänge 1 cm)
- 20 g Koriandergrün, grob gehackt, plus mehr zum Garnieren
- 4 EL Tahini (Sesammus)
- 3 EL Zitronensaft
- Salz und frisch gemahlener schwarzer Pfeffer

Zum Servieren

- Sumach-Zwiebeln (s. S. 33)
- In der Pfanne gebackenes Kurkumabrot (s. S. 241) oder Pita-Brot

Die Eier (falls verwendet) in einem kleinen Topf mit kaltem Wasser bedecken und 10 Minuten garen (vom Aufsetzen an gerechnet). Kalt abschrecken, schälen und halbieren.

Das Öl in einer Pfanne erhitzen, Knoblauch, Chilischote und Kreuzkümmel darin bei mittlerer bis starker Hitze 1 Minute anschwitzen, bis die Mischung aromatisch duftet. Linsen, 200 g Tomaten und gehacktes Koriandergrün hinzufügen. Alles einige Minuten unter Rühren garen. Tahini, Zitronensaft sowie 70 ml Wasser unterrühren und mit 1½ TL Salz sowie 1 kräftigen Prise schwarzem Pfeffer abschmecken.

Die Hitze auf mittlere Stufe reduzieren und die Mischung etwa 5 Minuten unter Rühren garen, bis sie dick und heiß ist. Einen Teil der Linsen mit einem Kartoffelstampfer sanft zerdrücken.

Die Adas Medames in Schalen anrichten und mit je einem halbierten Ei (oder pro Portion zwei Hälften, wenn als Hauptgericht für zwei Personen serviert), einigen Sumach-Zwiebeln, den restlichen Tomaten (100 g) und Koriandergrün garnieren. Mit 1 großzügigen Schuss Olivenöl abrunden und mit Kurkuma- oder Pita-Brot servieren.

Für 4 Personen

Ich habe immer ein paar Dosen *ful* (Dicke Bohnen) in der Vorratskammer, für den Fall, dass ich am Wochenende Appetit auf ein spätes, sättigendes Frühstück oder einen schnellen Lunch habe. Wenn Butter und Toast nicht reichen und etwas Deftigeres und Nahrhaftes hermuss, dann helfen Dicke Bohnen aus der Klemme.

Die Eier können Sie durch Feta ersetzen, wenn Sie es extracremig und eine Spur salzig mögen. Das Rezept funktioniert auch in seiner veganen Form ganz ohne Eier.

Falls nicht erhältlich, können Sie die Dicken Bohnen durch andere Dosenbohnen ersetzen. Sie sollten in jedem Fall kräftig gewürzt werden, dazu servieren Sie frisches, knuspriges Brot oder Fladenbrot.

Eine reichhaltige, sättigende Mahlzeit, die bestens ankommt.

Auberginen & Dicke Bohnen mit Setzeiern

Bitinjan w Ful ma' Beyd

2 mittelgroße Auberginen (etwa 630 g), gewürfelt (Kantenlänge 4 cm)
80 ml Olivenöl, plus mehr zum Servieren
Salz und frisch gemahlener schwarzer Pfeffer
1 Zwiebel (175 g), fein gehackt
6 Knoblauchzehen, zerdrückt
1 kleines Stück Ingwer (20 g), geschält und fein gerieben
1 grüne Chilischote (20 g), fein gehackt
1 TL Chiliflocken
1 TL gemahlener Kreuzkümmel
½ TL gemahlener Zimt
1½ TL Tomatenmark
2 Flaschentomaten (300 g), gewürfelt (Kantenlänge 2 cm)
1 Dose gehackte Tomaten (à 400 g)
1 Dose Dicke Bohnen (à 400 g), abgetropft
15 g Koriandergrün, grob gehackt, plus mehr zum Servieren
4 Eier (Größe L)
30 g Sumach-Zwiebeln (s. S. 33)

Den Backofen auf 220 °C Umluft vorheizen.

Die Auberginen in einer großen Schüssel mit 40 ml Olivenöl ummanteln. Mit ½ TL Salz und 1 kräftigen Prise schwarzem Pfeffer vermischen. Auf einem großen, mit Backpapier ausgelegten Blech verteilen und im Ofen etwa 25 Minuten rösten, bis die Auberginen ganz weich und leicht gebräunt sind. Aus dem Ofen nehmen und beiseitestellen.

Inzwischen für die Sauce das restliche Öl (40 ml) in einer großen Pfanne erhitzen und die Zwiebel darin bei mittlerer Hitze etwa 7 Minuten weich und leicht braun braten. Knoblauch, Ingwer, Chilischote, Chiliflocken, Gewürze und Tomatenmark einrühren. Alles 1 weitere Minute braten und andicken lassen. Sämtliche Tomaten, Dicke Bohnen und 300 ml Wasser hinzufügen. Mit Salz und schwarzem Pfeffer abschmecken, dann bei mittlerer Hitze 15 Minuten garen, bis die Sauce eingedickt ist.

Die gebratenen Auberginenwürfel unterrühren und alles weitere 3 Minuten köcheln lassen. Das Koriandergrün unterziehen, die Hitze weiter reduzieren und vier Vertiefungen in die Sauce drücken. Die Eier hineinschlagen und das Eiweiß mit einer Gabel leicht verquirlen. Dabei jedoch achtgeben, dass das Eigelb nicht zerläuft. Weitere 7–8 Minuten köcheln lassen, bis das Eiweiß gestockt, das Eigelb noch flüssig ist. Die letzten paar Minuten nach Belieben einen Deckel auflegen, um den Garprozess zu beschleunigen.

Die Auberginenpfanne noch kurz durchziehen und leicht abkühlen lassen. Mit Sumach-Zwiebeln und Koriandergrün garnieren. Mit Olivenöl abrunden, die Eier leicht salzen und in der Pfanne servieren.

Ergibt 12 Pfannkuchen;
für 4 Personen

Johannisbrotbäume wachsen seit der Antike in Palästina, besonders im Norden und in Obergaliläa. Kulinarisch besonders beliebt ist Carob-Dibs (s. S. 307, Johannisbrot-Sirup), der für die Zubereitung von Desserts verwendet und mit Tahini sowie Halaweh (Sesamhalwa) zum Frühstück genossen wird.

Ebenfalls Tradition hat die Nutzung der Johannisbrotfrucht zur Herstellung von Carob-Saft, der vor allem während des Ramadans beliebt ist. Johannisbrotbäume spielen eine wichtige Rolle für die Landwirtschaft und das Ökosystem Palästinas. Sie werden für ihre Widerstandsfähigkeit selbst unter extremer Trockenheit geschätzt und tragen zur Bodenpflege bei.

Diese fluffigen Pfannkuchen sind der perfekte Start in den Tag oder ins Wochenende. Das Schöne an diesem Rezept ist seine Schlichtheit. Den Teig können Sie am Vorabend zubereiten und über Nacht in den Kühlschrank stellen. Sobald es losgehen kann, müssen Sie ihn nur noch kurz durchrühren, und er ist einsatzbereit. Die Pfannkuchen sind dankbar für jedes Topping, ideal um sie mit Ihren Lieblingsfrüchten wie Bananen, Erdbeeren oder Mango zu belegen – oder schlicht mit 1 Spritzer Zitronensaft und etwas Zucker genießen.

Pfannkuchen mit Kardamom, Tahini, Halwa & Carob-Sirup

Fatayer ma' kharroub w Halaweh

2 Eier (Größe L)
2 EL Zucker
100 g Sahne
150 ml Milch
270 g Mehl
¾ TL gemahlener Kardamom
½ TL Anissamen
½ TL gemahlene Kurkuma
2 TL Backpulver
Salz
3 EL Sonnenblumenöl, plus mehr zum Backen
1 EL Schwarzkümmelsamen

Zum Servieren
50 g Tahini
50 g Carob-Sirup (s. Intro)
60 g Halwa, in große Stücke zerbrochen
Meersalzflocken

Die Eier und den Zucker in einer großen Schüssel mit einem Schneebesen etwa 1 Minute kräftig verschlagen, bis sich der Zucker aufgelöst hat und die Masse leicht schaumig ist.

Sahne und Milch unterrühren, anschließend Mehl, Gewürze, Backpulver und ¾ TL Salz sowie das Öl unterschlagen. Weiterrühren, bis der Teig glatt und frei von Klümpchen ist. Den Teig zudecken und bei Raumtemperatur 10 Minuten quellen lassen (oder für bis zu 2 Stunden in den Kühlschrank stellen). Falls Sie ihn im Voraus zubereiten, den Teig 15 Minuten vor der Verwendung aus dem Kühlschrank nehmen, damit er sich leicht erwärmen kann.

Sobald es losgehen kann, den Backofen auf 100 °C Umluft vorheizen und ein großes, mit Backpapier bedecktes Blech einschieben.

Eine beschichtete Pfanne (Ø 30 cm) bei mittlerer bis hoher Temperatur erhitzen. Darin 1 TL Sonnenblumenöl mit einem Küchenpapier gleichmäßig verreiben. Pro Pfannkuchen etwa 3 EL Teig einfüllen (es sollte ausreichend Platz für drei Pfannkuchen in der Pfanne sein), jeweils mit Schwarzkümmelsamen bestreuen und die Pfannkuchen 1–2 Minuten backen, bis sie von unten goldbraun werden. Vorsichtig mit einem Spatel wenden und 1 Minute von der anderen Seite backen. Aus der Pfanne nehmen und auf dem vorbereiteten Blech warm halten. Die restlichen Pfannkuchen ebenso ausbacken.

Die Pfannkuchen auf Tellern anrichten und mit Tahini sowie Carob-Sirup beträufeln. Das Halwa darauf verteilen, mit 1 Prise Meersalzflocken abrunden und sofort servieren.

Wie könnte man das Wochenende schöner willkommen heißen als mit dem verlockenden Duft von in der Pfanne brutzelndem Ijeh mit Kräutern?

Diese der Frittata ähnliche Köstlichkeit ist eine Mischung aus Zucchini, Lauch, Erbsen, Kräutern und Eiern. In Palästina bereitet man sie oft mit fein gehackten Kräutern und Zwiebeln zu. Ich gebe gern frische und getrocknete Minze sowie Dill- oder Fenchelsamen hinzu. Dazu passen mein Würfelsalat für jeden Anlass (s. S. 80), Shatta – rote oder grüne Chilisauce (s. S. 26) und warmes Brot.

Für 4–6 Personen

Zucchini-Lauch-Ijeh (Arabische Frittata)

Ijehet Kousa w Kurrath

250 g Erbsen (TK), aufgetaut
2 Zucchini (300 g)
1 kleine Zwiebel (150 g)
1 große Lauchstange, fein gehackt (175 g)
50 g Mehl
15 g Petersilie, fein gehackt
10 g frische Minze, in feine Streifen geschnitten
1⅓ TL getrocknete Minze
1 TL Aleppo-Chiliflocken (Pul Biber oder andere milde Chiliflocken)
½ TL gemahlene Kurkuma
1 TL Dill- oder Fenchelsamen, leicht zerstoßen
3 Eier (Größe L), leicht verquirlt
Salz und frisch gemahlener schwarzer Pfeffer
3 EL Olivenöl

Zum Servieren
Zitronenspalten
saure Sahne

Die Erbsen im Mixer einige Sekunden zerhacken – nur grob zerkleinern, nicht zu Brei zermahlen. In einer Rührschüssel beiseitestellen.

Die Zucchini putzen, die Zwiebel schälen und beides auf der groben Seite einer Kastenreibe auf ein sauberes Küchen- oder Passiertuch raspeln. Die Tuchecken zusammenführen und über einer Schüssel möglichst viel Flüssigkeit aus dem Gemüse herauspressen. Anschließend den Gemüsemix zu den Erbsen in die Schüssel geben. Lauch, Mehl, Kräuter und Gewürze, Eier sowie 1½ TL Salz und 1 kräftige Prise schwarzen Pfeffer hinzufügen. Alles zu einer homogenen Masse vermengen.

Eine große tiefe beschichtete Pfanne (Ø 28 cm) über mittlerer Hitze auf den Herd stellen und das Öl hineingießen. Sobald es heiß ist, die Ijeh-Mischung einfüllen und flächig in der Pfanne verteilen. Den Deckel schräg auflegen und das Ijeh bei geringer Hitze etwa 15 Minuten backen, bis es am Rand goldbraun zu werden beginnt. Die Pfanne hin und wieder sanft rütteln und das Ijeh mit einem Gummispatel (nur) am Pfannenrand lösen, damit es nicht zu stark ansetzt.

Einen großen, flachen Teller umgekehrt auf die Pfanne platzieren und das Ijeh vorsichtig darauf stürzen. Zurück in die Pfanne gleiten lassen und unbedeckt weitere 15 Minuten backen, bis es durchgegart und das Ei gestockt ist.

Das Ijeh auf Tellern anrichten, mit etwas Zitronensaft beträufeln und mit Zitronenspalten sowie mit jeweils 1 Klecks saurer Sahne servieren.

Ich liebe Rührei auf Röstbrot, garniert mit ein paar würzigen Extras. Brot mit Rührei ist erstaunlich wandlungsfähig, man kann alle möglichen Zutaten ins Spiel bringen. Mit diesem Rezept lässt sich im Handumdrehen eine wohltuende Mahlzeit auf den Tisch zaubern, ob zum Frühstück oder als Abendessen. Die Tomaten können Sie bis zu 1 Tag im Voraus zubereiten und vor dem Servieren kurz wieder erwärmen.

Röstbrot mit Rührei ist nicht nur eine schnelle, unkomplizierte Option für den hektischen Alltag, es ist auch salonfähig und stilvoll genug, um es Gästen zu servieren.

Für 4 Personen

Röstbrot mit Rührei & gerösteten Chili-Kirschtomaten

Beyd bil Shatta w al Banadoura 'ala Toast

3 EL Olivenöl
400 g Kirschtomaten
4 Knoblauchzehen, in feine Scheiben geschnitten
Salz und frisch gemahlener schwarzer Pfeffer
1 EL Rosen-Harissa
4 Scheiben Sauerteigbrot, ca. 1 cm dick geschnitten
35 g weiche Butter
8 Eier
4 EL Sahne
4 TL saure Sahne
2 EL Schnittlauchröllchen
2 EL frischer Oregano
4 EL Rauchige Chilisalsa (s. S. 24)

Das Öl in einer großen Pfanne bei mittlerer Temperatur erhitzen. Die Tomaten darin 3 Minuten anschwitzen und ab und zu durchschwenken. Knoblauch und ⅓ TL Salz hinzufügen, alles weitere 4 Minuten garen, bis die Tomaten stellenweise geschwärzt sind und zu zerfallen beginnen. Die Harissa unterrühren und warm stellen.

Die Brotscheiben rösten und großzügig mit Butter bestreichen (dabei ½ EL Butter für das Rührei reservieren).

In einer Schüssel die Eier und die Sahne verschlagen, mit ½ TL Salz und 1 kräftigen Prise schwarzem Pfeffer vermischen.

In einer großen Pfanne die restliche Butter (½ EL) bei niedriger bis mittlerer Hitze zerlassen. Sobald sie schäumt, die Eier hineingießen und unter häufigem Rühren garen, bis sie eben gestockt sind. Das Rührei auf die gebutterten Brotscheiben häufen und mit Chili-Tomaten, je 1 TL saurer Sahne und Kräutern garnieren. Mit 1 EL Chilisalsa für den feurigen Kick abrunden und servieren.

Dies ist die ultimative Antwort auf hektische Wochentage – knuspriges Röstbrot aus Ihrem Lieblingsbrot mit Olivenöl belegt mit einem spektakulären Mix aus Köstlichkeiten.

Geröstetes Brot und Toast ist auf meinem Esstisch zum Stammgast geworden, weil es so einfach und vielseitig ist. Wenn also das nächste Mal ein schneller, schmackhafter Happen hermuss, denken Sie an dieses einfache, sättigende Gericht. Der Belag lässt sich am Vortag vorbereiten, dann muss man nur noch alles zusammenfügen. Ich bin sicher, bei diesem Toast werden Sie anbeißen und ihn immer wieder machen.

Für 4 Personen

Avocado-Erbsen-Röstbrot mit Kräutern

Bazilla w Avokado 'ala Toast

300 g Erbsen (TK), aufgetaut
4 Frühlingszwiebeln, in Röllchen geschnitten
5 g Koriandergrün, grob gehackt
5 g frische Minze, grob gehackt
3 EL Olivenöl, plus mehr zum Beträufeln
Salz und frisch gemahlener schwarzer Pfeffer
2 kleine reife Avocados (ca. 200 g), geschält und gewürfelt (Kantenlänge 3 cm)
4 Scheiben Sauerteigbrot, ca. 1 cm dick geschnitten
Rauchige Chilisalsa (s. S. 24)

Zum Servieren
Limettenspalten

Erbsen, die Hälfte der Frühlingszwiebeln und Kräuter gemeinsam mit 1 EL Olivenöl sowie ½ TL Salz im Mixer etwa 1 Minute zu einer stückigen Paste hacken. Diese Mischung in eine große Schüssel füllen und die Avocadowürfel hinzufügen. Mit ½ TL Salz und 1 kräftigen Prise schwarzem Pfeffer sorgfältig vermengen.

Das Brot toasten und mit Olivenöl beträufeln. Die Avocado-Erbsen-Mischung auf die Toasts häufen und mit einigen Klecksen Chilisalsa und den restlichen Frühlingszwiebeln garnieren. Mit ein paar Tropfen Olivenöl abrunden und mit Limettenspalten servieren.

Dieses sommerliche Frühstücksbrot bietet eine einzigartige Mischung der Aromen und Texturen, perfekt für einen erfrischenden Start in den Tag. Die kühle Gurke harmoniert bestens mit dem würzigen Feta, dem aromatischen Dukkah und den frischen Kräutern.

Mit einem grünen Salat lässt sich das Röstbrot auch als sättigender Lunch oder zum Abendessen genießen, es bietet viele Optionen. Labneh anstelle von Feta ist eine cremige Alternative, den Feta können Sie zusätzlich als würziges Extra über das Brot krümeln.

Für 4 Personen

Röstbrot mit Feta, Gurken & Dukkah

Jibnet Feta w Khiyar 'ala Toast

4 Mini-Gurken oder 2 Salatgurken (280 g)
Meersalzflocken
200 g Feta
130 g griechischer Joghurt (10 % Fettgehalt)
1 TL Schwarzkümmelsamen
½ TL Bio-Zitronenabrieb
1 kleine Knoblauchzehe, zerdrückt
1 EL Zitronensaft
1½ TL Fenchelsamen, fein zerstoßen
Salz
½ EL Olivenöl, plus mehr zum Beträufeln
4 Scheiben Sauerteigbrot, ca. 1 cm dick geschnitten
1 EL Dukkah nach Gaza-Art (s. S. 36)
1½ TL Sumach
20 frische Minzeblätter

Die Gurken mit einem Sparschäler vom Stielansatz bis zur Basis in dünne, breite Bänder hobeln, bis das Innere mit den wässrigen Kernen zum Vorschein kommt, das Sie entsorgen (oder einfach so essen) können. Die Gurkenbänder in einem Sieb auf eine Schüssel platzieren, 1 TL Meersalzflocken untermengen und 15 Minuten abtropfen lassen.

Den Feta mit einer Gabel leicht zerdrücken. Joghurt, Schwarzkümmelsamen, Zitronenabrieb und Knoblauch untermischen. Alles zu einer streichfähigen Masse vermengen.

Die Gurkenbänder in einer Schüssel mit Zitronensaft, Fenchelsamen, 1 Prise Salz und ½ EL Olivenöl vermengen.

Das Brot toasten, mit etwas Olivenöl beträufeln und mit der Feta-Creme bestreichen. Gurkenbänder auf Feta-Creme häufen und mit Dukkah sowie Sumach bestreuen. Die Toasts mit etwas Öl abrunden, mit frischer Minze garnieren und servieren.

KAPITEL 3

Kleine Gerichte, Dips & Saucen

Als Gast in einem palästinensischen Haus soll man sich stets willkommen, gut bewirtet und auf bestmögliche Weise umsorgt fühlen. Das ist die einzige »Regel«, die wir beachten.

Das gemeinsame Essen ist für uns Palästinenser mehr als nur eine Mahlzeit. Dieses Zusammenkommen ist von großer kultureller Bedeutung, ein Symbol der Gastfreundschaft, der Großzügigkeit und des Zusammenhalts. Wir sind stolz darauf, Gästen ein reichhaltiges Mahl anzubieten, das den Wert des Teilens unterstreicht. Gemeinsam am Esstisch zu sitzen, festigt die sozialen Bande, vermittelt Wärme und fördert den Geist der Gemeinsamkeit unter Freunden und Familie, ja selbst unter Fremden. Es spiegelt die kulturelle Bedeutung der Zusammengehörigkeit und der Gastfreundschaft in der palästinensischen Tradition.

Kleine Gerichte spielen eine zentrale Rolle, wenn es um eine bunt gefüllte Tafel geht. Die raffinierten, oft aus einfachen und leicht zu verarbeitenden Zutaten zubereiteten Genüsse mögen zwar jeweils klein oder gar simpel erscheinen, doch was Geschmack und Vielfalt angeht, sind sie ganz groß. Typische Kandidaten für eine solche Auswahl wären etwa Oliven, Pickles, Würfelsalat, Dips und vielleicht ein Joghurt mit Gurken und Minze.

Das Fermentieren hat im Nahen Osten seit dem zehnten Jahrhundert Tradition. Diese Konservierungsmethode macht Nahrungsmittel weit über ihre Saison hinaus haltbar. Zu den allseits beliebten Erzeugnissen zählt auch Kishk, eine im kulinarischen Erbe der Region tief verwurzelte Delikatesse.

Kishk ist eine jener Zutaten, die in keiner Vorratskammer (*mooneh*) fehlen dürfen. Die Saison beginnt im Sommer, wenn Milchproduktion und Temperaturen ihren Höchststand erreichen. Joghurt, Weizenschrot und Salz werden vermischt und einige Tage bei Raumtemperatur fermentiert. Anschließend wird die Mischung auf Tüchern ausgebreitet und bis zu 1 Woche in der Sonne gedörrt, bevor der getrocknete Kishk sorgfältig eingelagert wird. Kishk kann aus Kuh-, Schafs- oder Ziegenmilch hergestellt werden, heute sind die meisten der regionalen Produkte jedoch aus Kuhmilch.

Bei diesem Rezept muss der Kishk nicht in der Sonne trocknen. Der Weizenschrot wird fast 1 Woche lang in Milch oder Joghurt eingeweicht und der Gärprozess durch regelmäßige Zugabe von Milch gesteuert. Wenn der Weizenschrot aufgequollen ist und das optimale Gärstadium erreicht hat, ist als vorläufiges Endprodukt eine essbare Masse, der Kishk Akhdar – »grüner Kishk« – entstanden. In dieser Form kann Kishk zu kleinen Kugeln geformt und in Olivenöl eingelegt werden, so wie man es mit den Labneh-Bällchen macht (s. S. 23).

Für 4–6 Personen
als Teil einer
Mezze-Auswahl

Grüner Kishk (fermentierter Joghurt & Bulgur)

Kishk Akhdar

100 g grober Vollkornbulgur
500 g griechischer Joghurt (10 % Fettgehalt)
Salz
25 g Labneh (s. S. 23)
1 TL getrocknete Minze
1 TL getrockneter Oregano
1 TL Dillsamen, grob zerstoßen
1 TL Aleppo-Chiliflocken (Pul Biber oder andere milde Chiliflocken), plus mehr zum Servieren

Zum Servieren

2–3 Frühlingszwiebeln (50 g), in Röllchen geschnitten
50 g Walnusskerne, geröstet
Olivenöl

Den Bulgur in einer kleinen Schüssel mit Leitungswasser bedecken und 20 Minuten quellen lassen. Abgießen und in eine mittelgroße Schüssel füllen. Sorgfältig den Joghurt und 1 EL Salz untermengen, die Schüssel mit einem Teller zudecken und den Joghurt bei Raumtemperatur bis zu 5 Tage stehen lassen. Die Masse täglich umrühren, damit der Bulgur möglichst viel Joghurt aufnimmt.

Nach 5 Tagen den Labneh einarbeiten – die Mischung sollte die Konsistenz von dickem Porridge haben. Kräuter, Dillsamen und Chiliflocken unterziehen. Den Kishk bei Bedarf mit weiterem Salz abschmecken. In diesem Zustand können Sie den Kishk in einem zuvor sterilisierten Glas oder einer Frischhaltebox im Kühlschrank bis zu 2 Wochen aufbewahren.

Alternativ können Sie Grünen Kishk auch einfrieren und vor der Verwendung über Nacht wieder auftauen, so bleiben sein köstlicher Geschmack und die Nährstoffe erhalten.

Zum Servierern den Kishk auf einem Teller anrichten, mit Frühlingszwiebeln, Walnüssen und Chiliflocken garnieren. Mit 1 kräftigen Schuss Olivenöl abrunden.

Was M'tabbal von Baba Ganoush unterscheidet, ist das Tahini, das zu den gerösteten Auberginen kommt. Dies ist eine wunderbar einfache und delikate Salatversion von M'tabbal, wobei sich die fleischigen, rauchigen Auberginen gut mit dem nussigen Tahini und den frischen Kräutern verbinden.

Servieren Sie dazu beispielsweise die Setzeier mit Pita-Croûtons, Tomaten & Za'atar (s. S. 45).

Für 4 Personen als Teil einer Mezze-Auswahl

Auberginen-M'tabbal

M'tabbal Bitinjan

- 3 mittelgroße Auberginen (ca. 800 g)
- 1 Knoblauchzehe, zerdrückt
- 1½ EL Zitronensaft
- 2 EL Olivenöl, plus mehr zum Beträufeln
- Salz
- 1 Rezeptmenge Tahini-Sauce (s. S. 32)
- 10 kleine Basilikumblätter
- 2 EL frischer Oregano oder frisches Za'atar

Eine leicht eingeölte Grillpfanne kräftig erhitzen. Die Auberginen mit einem kleinen, scharfen Messer einige Male einstechen, in die heiße Pfanne legen und etwa 40 Minuten rösten, bis sie rundherum kräftig gebräunt und vollständig in sich zusammengefallen sind. Regelmäßig wenden.

Die Auberginen ein wenig abkühlen lassen. Sobald man sie wieder anfassen kann, vorsichtig die Schale abziehen – das Fruchtfleisch sollte ganz bleiben. Dieses in einem Sieb in die Spüle stellen und mindestens 1 Stunde abtropfen lassen.

Die abgetropften Auberginen in etwa 3 cm große Stücke schneiden und in eine mittelgroße Schüssel füllen. Knoblauch, Zitronensaft, Olivenöl und ½ TL Salz hinzufügen, alles behutsam untermengen. Die Mischung zugedeckt bei Raumtemperatur mindestens 30 Minuten durchziehen lassen.

Die Tahini-Sauce auf einem flachen Teller gleichmäßig verstreichen. Die Auberginenwürfel samt Saft darauf anrichten und mit den Kräutern bestreuen. Mit Olivenöl beträufeln und servieren.

Dieser Salat hält sich abgedeckt im Kühlschrank bis zu 3 Tage. Vor dem Servieren sollte man ihn Raumtemperatur annehmen lassen.

Eine farbenfrohe Gemüse-Zubereitung! Ich serviere sie am liebsten direkt in der Pfanne, die ich neben andere Gerichten und Würzbeigaben in die Tischmitte stelle.

Ich habe die Tahini-Sauce mit geröstetem Knoblauch gewürzt. Das steuert eine köstliche nussig-süßliche Note bei. Das Rezept lässt sich beliebig abwandeln, je nach Saison und frischem Gemüse.

Für 6 Personen
als Teil einer
Mezze-Auswahl

Geröstetes Ofengemüse mit Zitrone & Za'atar

Khudar bil Laymonn w al Za'atar

2 kleine Pastinaken (500 g), geschält und in 2 × 5 cm große Stücke geschnitten
1 kleine Steckrübe oder 2 große weiße Rüben (ca. 450 g), geschält und in Sticks geschnitten
3 Karotten (350 g), geschält und schräg 2 cm dick geschnitten
2 rote Paprikaschoten (400 g), in dicke Streifen geschnitten
3 Stangen Staudensellerie (200 g), 4 cm lang geschnitten
2 rote Zwiebeln (300 g), geschält und 1 cm breit geschnitten
2 Knoblauchknollen, quer halbiert
1 kleine grüne Chilischote, grob gehackt (nach Belieben)
1 EL Rotes Shatta (s. S. 26) oder Rosen-Harissa
2 EL Za'atar
4 EL Olivenöl
1 EL Kapern, abgebraust und grob gehackt
200 ml Gemüsebrühe
2 EL Zitronensaft
Salz und frisch gemahlener schwarzer Pfeffer

Tahini-Sauce
150 g Tahini
2 EL Zitronensaft

Zum Servieren
5 g Petersilie, gehackt
2 TL Sesam, leicht geröstet
1 TL Sumach

Den Backofen auf 185 °C Umluft vorheizen.

In einer großen Schüssel sämtliches Gemüse sowie Knoblauch, Chilischote, Shatta, Za'atar, Olivenöl, Kapern, Brühe (oder Wasser) und Zitronensaft vermengen. Das Ganze mit ¾ TL Salz und 1 kräftigen Prise schwarzem Pfeffer abschmecken. Darauf achten, dass das Gemüse rundherum mit Öl und Gewürzen bedeckt ist. Das Gemüse auf einem großen, mit Backpapier bedeckten Blech ausbreiten und im Ofen 45 Minuten rösten. Dabei zwischendurch einmal durchmischen. Eine der Knoblauchknollen entfernen und das Gemüse ein wenig abkühlen lassen.

Für die Tahini-Sauce die weich gegarten Zehen der verbliebenen Knoblauchknolle aus der Schale in eine mittelgroße Schüssel pressen und mit einer Gabel zerdrücken. Tahini, Zitronensaft und ⅓ TL Salz hinzufügen. Alles sorgfältig verrühren und dabei langsam 160 ml noch kaltes Wasser einarbeiten, bis die Sauce die Konsistenz von griechischem Joghurt hat.

Das Röstgemüse auf einem Teller mit Petersilie, Sesam und Sumach garnieren. Mit der Knoblauch-Tahini-Sauce servieren.

Ich serviere dieses Bohnenmus gern auf knusprig geröstetem Brot. Schmeckt besser als jeder Toast mit Bohnen, den ich bislang gegessen habe. Der cremige Schmelz der Bohnen, die spritzige Frische der Orangen und Minze und die feurige Note des Makdous machen es zu einem perfekten und denkbar unkomplizierten Gericht für einen Brunch mit den Liebsten.

Für 4 Personen

Mus aus weißen Bohnen mit Orange, Makdous & Minze

Fasoulia beyda ma' Makdous

1 Bio-Orange
75 ml Olivenöl, plus mehr zum Beträufeln
4 Knoblauchzehen, zerdrückt
2 Dosen (à 400 g) oder 1 Glas (700 g) weiße Bohnen (ca. 500 g Abtropfgewicht), abgebraust und abgetropft
2 EL Zitronensaft
Salz
70 g Schnelles Makdous (s. S. 18)
5 g frische Minze, grob zerzupft, plus mehr zum Servieren

Die Schale der Orange fein abreiben – benötigt werden 1 TL Abrieb. Die Frucht mit einem scharfen Messer am Stielansatz und an der Basis kappen, die Schale vorsichtig abschneiden, auch das Weiße dabei entfernen. Die Orange senkrecht halbieren und das Weiße im Inneren herausschneiden. Das Fruchtfleisch in 15 mm große Würfel schneiden und in eine kleine Schüssel füllen.

Das Olivenöl in einer großen Pfanne bei mittlerer Temperatur erhitzen und den Knoblauch darin 1–2 Minuten anschwitzen. Weiße Bohnen, frischen Orangenabrieb, Zitronensaft, 50 ml kaltes Wasser und ½ TL Salz einrühren. Unter gelegentlichem Rühren alles 2–3 Minuten garen, damit die Aromen gut durchziehen. Vom Herd nehmen und die Bohnen mit einem Kartoffelstampfer grob zu einem stückigen Mus zerdrücken – es sollte kein glattes Püree entstehen. Das Bohnenmus in einer Schale oder auf einem Teller anrichten und noch leicht abkühlen lassen.

Inzwischen für die Salsa das Makdous und die Minze behutsam unter die Orangenwürfel mengen.

Sobald serviert werden kann, die Salsa über das Bohnenmus löffeln, mit frischer Minze garnieren und mit Olivenöl beträufeln.

Für 4 Personen

Dies ist eine rustikale Variante des klassischen »Würfelsalates«. Durch Zugabe von Tahini (wie auf folgender Doppelseite) oder Joghurt können Sie ihm geschmacklich noch einen anderen interessanten Dreh geben.

Egal ob man ihn Salata Mafrumeh, *salata na'ameh, salata baladiye* oder *salata fallahi* nennt, es handelt sich immer um denselben erfrischenden palästinensischen Salat, der zu jeder Mahlzeit gehört, ob Frühstück, Mittag- oder Abendessen. Er ist der perfekte Begleiter zu Hummus, Falafeln, Puffern und Schmorgerichten.

Wie bei der Gaza-Version (s. S. 83) lässt sich das »Würfeln« einige Stunden im Voraus erledigen, fertigstellen sollte man den Salat jedoch nicht allzu lange vor dem Servieren. Denn muss er zu lange auf seinen Einsatz warten, wird er wässrig.

Würfelsalat für jeden Anlass

Salata Mafrumeh

4 Mini-Gurken oder 1 gewöhnliche Salatgurke (300 g)
300 g reife Flaschentomaten, fein gewürfelt (Kantenlänge 5 mm)
10–12 Radieschen (130 g), fein gewürfelt (Kantenlänge 5 mm)
2 grüne Chilischoten, ausgekratzt und fein gehackt
ca. 5 Frühlingszwiebeln, in Röllchen geschnitten (70 g)
3 EL Olivenöl, plus mehr zum Beträufeln
30 g Petersilie, ganz fein gehackt
1 große Knoblauchzehe, zerdrückt
3 EL Zitronensaft
1 TL Dillsamen, leicht geröstet
Salz

Die Gurke(n) schälen, längs vierteln und in 5 mm große Würfel schneiden. Bei Verwendung einer großen Salatgurke die wässrigen Kerne im Inneren entfernen.

Die Gurkenwürfel in einer großen Schüssel mit den restlichen Zutaten vermengen und mit 1 TL Salz verfeinern. Den Würfelsalat sorgfältig durchheben und in einer Schüssel oder auf Einzeltellern anrichten. Mit Olivenöl beträufeln und servieren.

Dies ist ein Würfelsalat mit frischem Dill aus Gaza. Zwei Regeln gilt es dabei zu beachten: Wählen Sie möglichst vollreifes, von der Sonne maximal verwöhntes Gemüse und verwenden Sie ein scharfes Messer. Es ist ein einfacher Salat, der allerdings eine ganze Menge Schnippelei erfordert.

Die Schneidearbeit können Sie einige Stunden im Voraus erledigen (das kann eine Weile dauern, besonders wenn Sie den Salat für eine größere Runde zubereiten). Fertigstellen sollten Sie ihn jedoch nicht zu lange vor dem Servieren, sonst wird er wässrig.

Für 4 Personen

Würfelsalat mit Tahini nach Gaza-Art

Salata Ghazawiya

4 Mini-Gurken oder 1 gewöhnliche Salatgurke (300 g), geschält, längs geviertelt, entkernt und fein gewürfelt (Kantenlänge 5 mm)
300 g reife Tomaten (entweder 2 Fleisch- oder 4 Flaschentomaten), fein gewürfelt (Kantenlänge 5 mm)
10–12 Radieschen (140 g), fein gewürfelt (Kantenlänge 5 mm)
2 grüne Chilischoten, ausgekratzt und fein gehackt
ca. 5 Frühlingszwiebeln (70 g), in Röllchen geschnitten
3 EL Olivenöl, plus mehr zum Beträufeln
30 g Petersilie, ganz fein gehackt
15 g Dill, fein gehackt
80 g Tahini (Sesammus)
1 EL Sumach
1 große Knoblauchzehe, zerdrückt
3 EL Zitronensaft
1½ TL geröstete Dill- oder Fenchelsamen
Salz

Sämtliche Zutaten mit 1¼ TL Salz in einer großen Schüssel sorgfältig vermengen, dafür zunächst die Salatkomponenten vorsichtig vermischen und dann das Dressing mit Olivenöl und den weiteren Zutaten anrühren.

Den Salat auf einer Servierplatte oder auf Einzeltellern anrichten. Mit Olivenöl beträufeln und servieren.

In vielen Ländern ist *lubia* oder Fasoulia Khadra bil zeit verbreitet – grüne Bohnen in einer kräftigen Sauce aus Tomaten und Olivenöl, ein klassisches Gericht aus dem Nahen Osten.

Sie können die Bohnen heiß oder kalt mit Brot oder als Teil einer Auswahl mehrerer Gerichte servieren. Ich persönlich esse sie am liebsten raumtemperiert. Falls Stangenbohnen nicht erhältlich sind, können Sie auch die traditionellen grünen Bohnen verwenden.

Für 4 Personen als Beilage oder Teil einer Mezze-Auswahl

Stangenbohnen mit Lauch & Tomaten

Fasoulia Khadra bil zeit

60 ml Olivenöl
3 Lauchstangen (300 g), in 5 mm dicke Scheiben geschnitten
Salz und frisch gemahlener schwarzer Pfeffer
1 Karotte (70 g), geschält und in dünne Scheiben geschnitten
4 Knoblauchzehen, in dünne Scheiben geschnitten
1 große grüne Chilischote, fein gehackt
2 TL Tomatenmark
500 g Stangenbohnen, geputzt und in 7–8 cm lange Stücke geschnitten
3 große Tomaten (450 g), gewürfelt (Kantenlänge 1 cm)
1 TL gemahlener Kreuzkümmel

Das Öl in einer großen Pfanne mit Deckel erhitzen. Den Lauch darin mit ½ TL Salz bestreuen und bei mittlerer Hitze unter ständigem Rühren 5 Minuten anschwitzen, bis er weich und durchgegart, jedoch nicht gebräunt ist.

Karotte, Knoblauch und Chilischote hinzufügen. Alles weitere 2 Minuten mitgaren. Das Tomatenmark unterrühren, anschließend die Bohnen dazumischen und alles weitere 3 Minuten anschwitzen. Tomaten, Kreuzkümmel und 100 ml Wasser hinzufügen. Das Gemüse mit 1½ TL Salz und 1 kräftigen Prise schwarzem Pfeffer abschmecken.

Das Gemüse zum Kochen bringen und dann zugedeckt bei geringer Hitze 25 Minuten garen. Am Ende sollte die Sauce dick und sämig sein. Anderenfalls den Deckel abnehmen und die Sauce kräftig 5 Minuten einkochen. Die Bohnen vollständig abkühlen lassen und als Beilage oder Teil einer Auswahl mehrerer Gerichte servieren.

Für 4 Personen
als Beilage oder Teil
einer Mezze-Auswahl

Man nimmt an, dass *qdameh* oder *leblebi* um das fünfzehnte Jahrhundert aus dem Iran in den Nahen Osten sowie nach Nordafrika und in Teile Europas gelangte.

Qdameh ist ein im Nahen Osten beliebter Snack aus Kichererbsen, den man wie gesalzene Nüsse knabbert. Als Kinder kauften wir sie in einer Papiertüte verpackt und knabberten sie auf dem Rückweg von der Schule. Aber irgendwie sind diese leckeren Dinger aus der Mode gekommen und heute gar nicht mehr so leicht zu finden.

Sie können die Kichererbsen einfach so als gesunden Snack genießen oder zu einem Drink servieren.

Mit einem kulinarischen Kunstgriff wollte ich *qdameh* hier als eine Art dekonstruierten Hummus neu interpretieren, ein simples und dennoch elegantes Gericht, das sich als Auftakt oder Vorspeise zu jeder Mahlzeit servieren lässt. So stelle ich mir das vor: eine Platte mit Za'atar-Anis-Crackern (s. S. 246) oder Brot neben einem Teller dieser köstlichen knusprig gerösteten Kichererbsen.

Geröstete Kichererbsen mit Koriander-Tahini

Hummus Hab bil Tahinia w al Kuzbara

2 Dosen Kichererbsen (à 400 g), abgebraust und abgetropft
4 EL Olivenöl, plus mehr zum Beträufeln
¾ TL geräuchertes Paprikapulver
¾ TL Aleppo-Chiliflocken (Pul Biber oder andere milde Chiliflocken)
¾ TL Paprikapulver edelsüß
⅓ TL gemahlener Zimt
Salz
2 EL Zitronensaft
1 Rezeptmenge Tahini-Sauce (s. S. 32)
30 g Koriandergrün, gehackt, plus einige Blätter für die Garnitur

Den Backofen auf 200 °C Umluft vorheizen.

Die Kichererbsen in einer Schüssel mit Olivenöl, Gewürzen sowie ⅓ TL Salz sorgfältig vermengen. Die Mischung auf einem mit Backpapier bedeckten Blech verteilen und im Ofen 30 Minuten rösten; ab und zu mal durchrühren. Aus dem Ofen nehmen, mit dem Zitronensaft beträufeln und abkühlen lassen.

Die Tahini-Sauce und das Koriandergrün im Mixer einige Minuten aufschlagen, bis die Mischung glatt ist.

Zum Servieren die Tahini-Sauce auf einen Teller gießen und die knusprigen Kichererbsen darauf verteilen. Mit einigen Korianderblättern garnieren und zum Servieren mit Olivenöl beträufeln.

Diesen Salat kann man irgendwo zwischen Würzmittel und Salsa lokalisieren. Er schmeckt hervorragend zu Hummus, Bohnenmus oder auch mit Labneh-Bällchen. Ich serviere ihn außerdem gern zu Spiegeleiern und zu Ziegenkäse.

Für 4 Personen
als Beilage oder Teil
einer Mezze-Auswahl

Tomaten-Rucola-Salat mit Walnusskernen

Salatet Jarjeer w Banadoura

40 g Walnusskerne
4 EL Olivenöl
3 Knoblauchzehen, zerdrückt
70 g sonnengetrocknete Tomaten in Öl, fein gehackt
2 EL Kapern, abgebraust und abgetrocknet
25 g Rucola
10 g Petersilie
10 g Koriandergrün
1 EL Granatapfelsirup, plus 1 TL mehr
⅓ TL Aleppo-Chiliflocken (Pul Biber oder andere milde Chiliflocken)
1 TL Bio-Zitronenabrieb
Salz und frisch gemahlener schwarzer Pfeffer

Den Backofen auf 170 °C Umluft vorheizen.

Die Walnüsse auf einem mit Backpapier bedeckten Blech verteilen und im Ofen 10 Minuten rösten. Herausnehmen und abkühlen lassen. Sobald sie ausreichend abgekühlt sind, die Nüsse von Hand mittelfein zerhacken und in eine Schüssel füllen.

Das Olivenöl in einer kleinen Pfanne erhitzen und den Knoblauch bei mittlerer Hitze darin anschwitzen, bis er aromatisch duftet und Farbe zu nehmen beginnt. Die gehackten Tomaten und die Kapern einrühren. Alles einige weitere Sekunden garen und vom Herd nehmen. Anschließend abkühlen lassen.

Inzwischen den Rucola sowie die Kräuter fein hacken und diese Mischung unter die abgekühlte Tomaten-Kapern-Mischung mengen. Granatapfelsirup (1 EL), Chiliflocken und Bio-Zitronenabrieb unterrühren. Mit 1 kräftigen Prise schwarzem Pfeffer würzen.

Den Salat nach Bedarf mit Salz und/oder Granatapfelsirup abschmecken – gewöhnlicherweise ist Salz eher nicht nötig, da die Tomatenmischung mit den Kapern bereits recht salzig ist.

Tahini ist König der palästinensischen Tafel und lässt sich auf vielfältige Weise verwenden, sei es als Brotaufstrich für ein Sandwich oder für gebackenen Blumen- oder Weißkohl.

Hier wird es in Form eines Dips oder als erfrischende Würzbeigabe serviert. Der Dip kann viele Gerichte begleiten, oder man serviert ihn schlicht mit warmem Brot zum Auftunken.

Für 4 Personen
als Beilage oder Teil
einer Mezze-Auswahl

Tahini-Tomaten-Dip mit Minze

Tahinia ma' Banadoura w Na'na

2 große reife Tomaten (350 g), fein gewürfelt
120 g Tahini (Sesammus)
2 große Knoblauchzehen, zerdrückt
1 EL Rotes Shatta (s. S. 26)
2 TL Bio-Zitronenabrieb
4 EL Zitronensaft
Salz
5 g frische Minze, fein gehackt, plus mehr zum Garnieren
1 TL getrocknete Minze
2 EL Olivenöl

Die Tomatenstücke in eine Schüssel füllen. Dann Tahini, Knoblauch, Shatta, Zitronenabrieb sowie -saft und ¾ TL Salz hinzufügen. Alles sorgfältig zu einem dicken Dip vermengen. Erscheint er Ihnen etwas zu dicklich, noch 1 EL kaltes Wasser unterrühren.

Die frische Minze unterziehen und den Dip auf einem Teller oder in einer Schale anrichten. Mit der getrockneten Minze und gehackter frischer Minze bestreuen, mit Olivenöl abrunden und servieren.

Dieses Rezept ist eine Abkürzung zu einem Dip namens Huwairna, der aus einer von Frühjahr bis Sommer überall in der Levante wild wachsenden Pflanze zubereitet wird. Sie gehört zu derselben Pflanzenfamilie wie Senf und ist von herb-bitterem Geschmack.

Wenn Rüben zu Winterbeginn Saison haben, sind auch die gestielten Blätter der Speiserüben erhältlich. Kaufen Sie gleich ein großes Bund, wenn Sie diese sehen. Dann schneiden Sie die Blätter ab, salzen Sie sie leicht und frieren Sie sie in Gefrierbeuteln ein. Stängelkohl wie Cima di Rapa ist als Treibhausgemüse eine Alternative.

Servieren Sie dieses Gericht mit einem großzügigen Löffel Rotem Shatta (s. S. 26), einem Schuss Olivenöl und Brot als Beilage oder Teil einer Auswahl mehrerer Speisen. Nach einigen Tagen entwickelt das Huwairna ein wunderbar säuerliches Aroma.

Für 8 Personen
als Teil einer
Mezze-Auswahl

Fermentierter Rübstiel

Huwairna

400 g Rübstiel, Blätter abgetrennt und ganz fein gehackt
Salz
600 g griechischer Joghurt (10 % Fettgehalt)

Zum Servieren
Rotes Shatta (s. S. 26)
2 EL Olivenöl
½ TL Sumach (oder ½ TL Chiliflocken)

Den fein gehackten Rübstiel und 1 TL Salz in einer großen Schüssel vermengen. Das Salz mit der Hand etwa 1 Minute in die Blätter einreiben und 1 Stunde bei Raumtemperatur einwirken lassen.

Die Mischung in einem feinen Sieb unter fließendem kaltem Wasser abbrausen, um Reste von Salz zu entfernen. Anschließend den Rübstiel im Sieb gründlich ausdrücken, bis er nahezu trocken ist, und zurück in die Schüssel füllen.

Den Joghurt und 1 TL Salz hinzufügen, alles sorgfältig verrühren und die Mischung in ein zuvor sterilisiertes Einmachglas oder ein anderes sauberes Gefäß mit Deckel füllen.

Das Huwairna vor dem Anbruch für mindestens 2 Tage in den Kühlschrank stellen – vorher ist es zu salzig und bitter. Es hält sich im Kühlschrank bis zu 1 Woche.

Zum Servieren das Huwairna auf einem Teller anrichten, mit Shatta garnieren und mit Olivenöl beträufeln. Mit dem Sumach bestreuen und servieren.

Mangold ist eines der beliebtesten Blattgemüse in Palästina. Er wird mit Reis gefüllt, gedünstet oder mit Tahini zu einem Dip verarbeitet. Für dieses einfache, klassische Gericht werden die saftigen, leicht säuerlichen Blätter kurz blanchiert, dann geschwenkt und mit knusprigen Röstzwiebeln serviert. Zu dieser Kombi schmeckt Tahini-Sauce (s. S. 32) hervorragend.

Für 4 Personen
als Beilage oder Teil
einer Mezze-Auswahl

Sautierter Mangold mit Röstzwiebeln & Sumach

Silek ma' Basal

Salz
450 g Mangold, Blätter in ca. 2 cm große Stücke gehackt, dicke Stiele gewürfelt (Kantenlänge 3 cm)
3 EL Olivenöl
1 kleine Knoblauchzehe, in feine Scheiben geschnitten
⅓ TL Aleppo-Chiliflocken (Pul Biber oder andere milde Chiliflocken)
2 TL Sumach

Röstzwiebeln
90 ml Sonnenblumenöl
1 mittelgroße Zwiebel (160 g), in feine Streifen geschnitten
1 EL Speisestärke

Zum Servieren
Zitronenspalten

In einem großen Topf gesalzenes Wasser zum Kochen bringen und die Mangoldstiele darin 2 Minuten blanchieren. Die Blätter hinzufügen und 1 weitere Minute garen. In ein Sieb gießen und unter fließendem kaltem Wasser abschrecken. Den Mangold abtropfen lassen und anschließend gut ausdrücken, bis er nahezu trocken ist.

Für die Röstzwiebeln das Sonnenblumenöl in einen kleinen Topf oder eine tiefe Pfanne gießen und bei hoher Temperatur erhitzen – es sollte 3 cm hoch stehen.

Die Zwiebelstreifen rundherum in der Speisestärke wenden. Sobald das Öl sehr heiß ist, die Zwiebel portionsweise vorsichtig darin (wegen Spritzgefahr) 2–3 Minuten goldbraun rösten. Die Röstzwiebeln auf Küchenpapier abtropfen lassen und leicht salzen. Anschließend die nächste Portion rösten.

Das Olivenöl in einem mittelgroßen Topf erhitzen und darin den Knoblauch bei mittlerer Hitze behutsam anbraten, bis er Farbe zu nehmen beginnt. Den Mangold hinzufügen und unter gelegentlichem Rühren 2–3 Minuten schwenken, bis er durch und durch heiß ist. Chiliflocken, 1 TL Sumach und ¾ TL Salz hinzufügen. Alles behutsam untermengen.

Den sautierten Mangold auf einer Servierplatte anrichten und mit den Röstzwiebeln garnieren. Mit dem restlichen Sumach (1 TL) bestreuen und mit Zitronenspalten servieren.

KAPITEL 4

Salate

Wie in vielen weiteren Ländern und Regionen des Nahen Ostens schmückt auch in der palästinensischen Tradition eine reiche Auswahl an salatartigen Zubereitungen den Esstisch. Diese fest in unserer Esskultur verwurzelten Salate sind nicht nur Beiwerk, sondern zentraler Bestandteil einer Mahlzeit und spiegeln unsere Vorliebe für frische, farbenfrohe Speisen.

Stolz bieten wir unseren Gästen eine Auswahl an kleinen und größeren Tellern mit rohen oder gegarten Gemüsesorten an, die es mit ihren unterschiedlichen Farben, Aromen und Texturen verstehen, die Sinne zu verwöhnen.

Zu gehaltvollen Gerichten wie Sha'aktoura, Mejadra, Fatteh Adas und Kibbeh Hileh wird ein einfacher Würfelsalat gereicht. Oder es gibt eigenständige Salate mit frischem Brot, *taghmees* genannt, was grob übersetzt so viel wie »ein Stück Brot eintunken« oder »den Salat mit seinem Saft auftunken« bedeutet.

In Palästina kommt Salat immer mit ein paar würzigen Extras auf den Tisch, wie Pickles, Oliven, einem Stück Käse und Shatta oder frischen Chilischoten für den feurigen Kick, den wir so lieben.

In diesem Kapitel tauche ich tiefer ein in das Königreich der Alles-auf-einem Teller-Gerichte, bei denen Gemüse im Mittelpunkt steht und die die vielen Möglichkeiten zeigen, die Salate bieten. Nicht länger zur bloßen Beilage degradiert, werden sie zur Hauptattraktion eines Essens und verwöhnen unseren Gaumen.

Begleiten Sie mich auf meiner Reise durch die köstliche Welt der palästinensischen Salate, von ihren einfachen Wurzeln als simple Beilage bis zu ihrem rechtmäßigen Auftritt als Hauptattraktion.

Für 4 Personen

Die Geschichte hinter diesem Rezept geht folgendermaßen: Eines Tages öffnete ich den Kühlschrank und sah einen einsamen Brokkoli, der mich traurig anstarrte. Ich hatte Appetit auf einen einfachen, schmackhaften Lunch, der nicht viel Arbeit macht. Ganz im Stil der palästinensischen Küche, in der grünes Gemüse häufig zu köstlichen Genüssen verarbeitet wird, beschloss ich, einen *taghmees*-ähnlichen Dip zu kreieren. Glücklicherweise hatte ich die meisten Zutaten dafür bereits im Haus.

Die Idee war simpel: Brokkoli garen, mit Joghurt vermengen, fertig ist ein cremiger Gemüsedip mit Kräutern. Ein Klassiker, der oft mit warmem Fladenbrot oder als Beilage serviert wird. Mit Olivenöl beträufelt, ist der Dip gleich genussfertig.

Brokkoli-Labneh-Dip mit Knoblauch

Broccoli bil Toum w al Labneh

4 EL Olivenöl
3 große Knoblauchzehen, geschält und in dünne Scheiben geschnitten
250 g Brokkoliröschen
Salz und frisch gemahlener schwarzer Pfeffer
350 g Labneh (s. S. 23) oder griechischer Joghurt (10 % Fettgehalt)
1 EL Zitronensaft
1 rote Chilischote, ausgekratzt und fein gehackt
10 g Dillspitzen, fein gehackt
10 g Petersilie, fein gehackt
5 g frische Minze, grob in Streifen geschnitten
½ TL Aleppo-Chiliflocken (Pul Biber oder andere milde Chiliflocken)
2 TL Sumach

In einer Pfanne das Olivenöl leicht erhitzen und den Knoblauch bei geringer bis mittlerer Hitze 3–4 Minuten anschwitzen; achtgeben, dass er nicht verbrennt oder zu dunkel wird, er sollte nur eben goldbraun sein. Den Knoblauch aus dem Öl fischen und auf einem Teller auf Küchenpapier abtropfen lassen. Den Knoblauch und das Öl abkühlen lassen.

Die Brokkoliröschen in kochendem Salzwasser 2 Minuten blanchieren, mit einer Schaumkelle herausnehmen und unter fließendem Wasser kalt abschrecken. So bewahrt der Brokkoli seine leuchtend grüne Farbe und bleibt knackig.

Den Brokkoli sorgfältig abtropfen lassen, dann grob hacken und in eine große Schüssel füllen. Labneh oder Joghurt sowie Zitronensaft, gehackte rote Chilischote, der Großteil der Kräuter (ein wenig für die Garnitur zurücklegen) und Chiliflocken hinzufügen. Alles mit ½ TL Salz und 1 kräftigen Prise schwarzem Pfeffer abschmecken. Erneut behutsam vermengen.

Den würzigen Brokkolidip auf einem Servierteller anrichten und mit dem Knoblauchöl beträufeln. Restliche Kräuter sowie gerösteten Knoblauch darüber verteilen, alles mit Sumach bestreuen und mit Brot nach Wahl zum Auftunken servieren.

Für 4 Personen

Im Nahen Osten stieß man auf antike Spuren von kultivierter Roter Bete, insbesondere von deren Blättern. Rote Bete wurde laut historischen Quellen auch im alten Ägypten, Griechenland und von den Römern angebaut. Seit dem Mittelalter, so nimmt man an, wurde sie wegen ihrer Knollen gezüchtet. Man verwendete sie zur Behandlung verschiedener Beschwerden, vor allem von Erkrankungen des Verdauungsapparates und des Blutes. Und Rote Bete wurde zur Neutralisierung einer allzu strengen Knoblauchfahne empfohlen.

Bei uns zu Hause gab es keine Rote Bete, und ich glaube auch nicht, dass viele in Palästina dieses erdig-süße Wurzelgemüse überhaupt für eine brauchbare Küchenzutat halten. Als Kind hatte ich nur Gelegenheit sie zu essen, wenn die Kinder aus der Nachbarschaft einen Stand aufbauten und anboten, was auch immer sie im Garten gefunden hatten. Sie kochten dann die Knollen, um sie als warmen Snack an vorbeiziehende Kinder zu verkaufen. Rote Bete ist eine meiner Lieblingsgemüsesorten – sie lässt sich wunderbar mit anderen Aromen kombinieren, von süß über salzig bis zu cremig und säuerlich. Hier habe ich sämtliche dieser Aromen zu einem umwerfenden Salat vereint, der zu jedem Essen passt.

Die meisten dieser Bestandteile lassen sich einige Tage im Voraus vorbereiten, dann muss man sie vor dem Servieren nur noch mischen. Anstelle von Labneh können Sie auch dicken Joghurt oder salzigen Käse wie Ziegenkäse oder Feta verwenden. Und die Mengen für die gerösteten Nusskerne und Samen können Sie gleich verdoppeln oder verdreifachen. Der Mix lässt sich gut über Salate, Suppen, Reisgerichte und den morgendlichen Porridge streuen.

Rote Bete mit Labneh, gerösteten Nusskernen, Samen & Schnittlauch

Salatet Shamander bil Labneh

1 kg Rote Bete
200 g Labneh (s. S. 23) oder griechischer Joghurt (10 % Fettgehalt)
1–2 TL Bio-Zitronenabrieb
1 TL gemahlener Kreuzkümmel
Salz
2 EL Geröstete Nusskerne & Samen (s. S. 35)
2 EL Schnittlauchröllchen

Gelbe-Bete-Pickles
1 Gelbe Bete (230 g)
2 EL Apfelessig
1 TL Zucker
⅓ TL gemahlene Kurkuma
Salz

Dressing
2 EL Apfelessig
6 EL Olivenöl
Salz und frisch gemahlener schwarzer Pfeffer

Den Backofen auf 180 °C Umluft vorheizen.

Die Rote-Bete-Knollen gründlich waschen, die Wurzeln jeweils dranlassen. Jede Knolle lose in Alufolie wickeln, in ein Bratenblech legen und dieses 2 cm hoch mit Wasser füllen. Die Rote Bete im Ofen 60–80 Minuten garen, bis sie weich ist – sie sollte sich mit einem Messer mühelos einstechen lassen.

Inzwischen für die Pickles die Gelbe Bete schälen und mit einem scharfen Messer oder einem Gemüsehobel in ganz feine Scheiben schneiden. In einem kleinen Topf 250 ml Wasser mit Essig, Zucker, Kurkuma und ½ TL Salz zum Kochen bringen. Die Gelbe-Bete-Scheiben einlegen, den Topf vom Herd nehmen und abkühlen lassen. Abgekühlt sind die Pickles genussfertig. Haltbar in einem fest verschlossenen Glas oder in einer Frischhaltebox im Kühlschrank bis zu 1 Woche.

Die Rote-Bete-Knollen ausreichend abkühlen lassen, dann aus der Folie wickeln und schälen (die Schale sollte sich ganz leicht ablösen lassen). Die Knollen halbieren, die Hälften je nach Größe in zwei bis drei Spalten schneiden und weitere 15 Minuten abkühlen lassen.

In einer kleinen Schüssel den Labneh oder Joghurt mit Zitronenabrieb, Kreuzkümmel und ⅓ TL Salz glatt verrühren.

Für das Dressing in einer großen Schüssel den Essig mit Olivenöl sowie ½ TL Salz und 1 kräftigen Prise schwarzem Pfeffer verrühren. Die Rote-Bete-Spalten in dem Dressing wenden.

Einige Pickles-Scheiben auf Küchenpapier abtropfen lassen, dekorativ auf der Roten Bete arrangieren. Labneh über den Salat löffeln, mit gerösteten gemischten Nüssen sowie Schnittlauch bestreuen und servieren.

Dies ist ein weiteres Gericht, das ich oft zubereite, um Reste zu verbrauchen. Ich bin sicher, Sie kennen das. Da hat man einen vollen Beutel Dicke Bohnen im Kühlschrank und fragt sich, was man damit anfangen soll. Ich liebe Dicke Bohnen und denke oft, dass ich sie viel häufiger verarbeiten sollte. Für dieses köstliche Gericht braucht man sie nur kurz zu blanchieren.

Servieren Sie das Bohnenmus als eigenständiges Gericht, als Beilage oder als Mezze.

Für 4 Personen
als Beilage oder Teil
einer Mezze-Auswahl

Dicke-Bohnen-Mus mit Ziegenkäse & Zitronensalsa

M'tabbal Ful Akhdar

Salz und frisch gemahlener schwarzer Pfeffer
350 g Dicke Bohnen (TK), aufgetaut
150 g Erbsen (TK), aufgetaut
2 Knoblauchzehen, zerdrückt
2 EL Zitronensaft
3 EL Olivenöl
10 g frische Minze, in feine Streifen geschnitten, plus einige Blätter für die Garnitur
1 grüne Chilischote, ausgekratzt und fein gehackt
10 g Dillspitzen, fein gehackt
10 g Petersilie, fein gehackt
120 g weicher Ziegenkäse, zerkrümelt

Salsa
1 grüne Chilischote, ausgekratzt und fein gehackt
1 eingelegte Zitrone (ca. 15 g), Fruchtfleisch entfernt, fein gehackt
2 EL Sumach
2 EL Olivenöl

In einem mittelgroßen Topf gesalzenes Wasser zum Kochen bringen. Die Dicken Bohnen und die Erbsen darin 1 Minute blanchieren. Abgießen, unter fließendem kaltem Wasser abschrecken und abtropfen lassen.

Die Dicken Bohnen und die Erbsen im Mixer mit der Impulstaste 10–15 Sekunden zerhacken, zwischendurch einmal den Becherrand nach unten abkratzen – das Mus sollte relativ grob und stückig bleiben.

Knoblauch, Zitronensaft und Olivenöl in einer mittelgroßen Schüssel verrühren. Minze, Chilischote sowie Dill und Petersilie unterrühren. Diese Mischung mit ½ TL Salz und 1 kräftigen Prise schwarzem Pfeffer abschmecken. Das Bohnen-Erbsen-Mus unterheben und alles sorgfältig vermengen.

Für die Salsa Chili, eingelegte Zitrone, Sumach und Olivenöl in einer kleinen Schüssel verrühren.

Das Dicke-Bohnen-Mus auf einem Servierteller anrichten und darauf ein wenig verstreichen. Die Salsa und den zerkrümelten Ziegenkäse darüber verteilen, alles mit frischer Minze garnieren. Das Mus mit Olivenöl beträufeln und servieren.

Dies ist ein fabelhaftes Abendessen unter der Woche und eine simple Zubereitung für einen Auberginensalat. Einfach die Salsa anrühren und kurz vor dem Servieren über die Auberginen löffeln.

Abgesehen von der Ofenzeit der Auberginen nimmt der Salat nur wenige Minuten in Anspruch. Sie können sie bereits am Vorabend rösten und kurz vor dem Servieren fertigstellen.

Für 4 Personen als Teil einer Mezze-Auswahl

Geröstete Auberginen mit Tomaten, Granatapfel & Kräutern

Salatet Bitinjan

- 600 g kleine oder japanische Auberginen
- 90 ml Olivenöl, plus mehr zum Beträufeln
- Salz und frisch gemahlener schwarzer Pfeffer
- 300 g bunte Kirschtomaten, halbiert
- 2 Knoblauchzehen, zerdrückt
- 10 g Petersilie, gehackt
- 5 g frische Minze, in feine Streifen geschnitten
- 2 EL Zitronensaft
- 2 EL Granatapfelsirup
- 10 Basilikumblätter

Den Backofen auf 220 °C Umluft vorheizen.

Die Auberginen je nach Größe längs in vier bis sechs Spalten schneiden. Diese auf ein mit Backpapier bedecktes Blech legen und mit der Hälfte des Olivenöls beträufeln. Die Auberginen mit ½ TL Salz und 1 kräftigen Prise schwarzem Pfeffer bestreuen. Die Spalten auf dem Blech im Öl wenden, dann im Ofen 25 Minuten goldbraun rösten. Herausnehmen und leicht abkühlen lassen.

Inzwischen Tomaten, Knoblauch, Petersilie, Minze und Zitronensaft in einer mittelgroßen Schüssel vermengen. Das restliche Olivenöl (45 ml) sowie ½ TL Salz und 1 kräftige Prise schwarzen Pfeffer hinzufügen, alles sorgfältig unterheben.

Die gerösteten Auberginen auf einer Servierplatte anrichten und die Tomaten-Petersilien-Mischung gleichmäßig darüber verteilen. Alles mit Granatapfelsirup und weiterem Olivenöl beträufeln, mit Basilikumblättern garnieren und servieren.

Für 4 Personen

Süße Wassermelone und salziger Weißkäse sind eine zeitlose Kombination, die tief in der Esskultur Nordafrikas und des Nahen Ostens verwurzelt ist. Diese Essenz des Sommers ist eine Sinfonie der Aromen, die den Gaumen erfreut. Sie entführt uns an idyllische Orte am Meer, wo von der Sonne verwöhnte Aromen den Ton angeben. Bissen für Bissen verbinden sich die süßlich-spritzige Melone und der würzige Käse zu einem Kontrast, der an warme Monate erinnert.

Die Geschichte beginnt mit der Kultivierung der Wassermelone im Nordosten Afrikas, im alten Ägypten um 2000 v. Chr. Unter den Römern verbreitete sie sich im Mittelmeerraum, und der Grundstein für die heute so beliebte Kombination mit würzigem Käse war gelegt.

In Palästina hat sich der dem Feta ähnliche Jibneh Baladi als Käse durchgesetzt, der für eine jahrhundertealte Tradition in Landwirtschaft und Lebensmittelhandwerk steht. Er wird im Frühjahr aus frischer Schafsmilch hergestellt und durchläuft ein Verfahren, bei dem er zunächst dickgelegt, abgetropft und dann in Salzlake eingelegt wird, wodurch Geschmack und Konsistenz unverwechselbar werden.

Wassermelone mit Gurke, Feta & Zitronenverbene

Salatet Batikh w Khyar ma' Jibneh

500 g Wassermelone, in kleine Scheiben geschnitten (ca. ½ kleine Melone)
1 Salatgurke (ca. 180 g), geschält und in 3 × 2 cm große Stücke geschnitten
1 kleine rote Zwiebel (ca. 80 g), geschält und in ganz feine Streifen geschnitten
1 grüne Chilischote, in feine Ringe geschnitten
50 g Kalamata-Oliven, entsteint
1 EL flüssiger Honig
1 EL Granatapfelsirup
1 EL Zitronensaft
2 EL natives Olivenöl extra
Salz
75 g Feta oder Ziegenkäse, zerkrümelt
10 frische Minzeblätter
10 frische Blätter Zitronenverbene oder Basilikum
1 TL Schwarzkümmelsamen

Wassermelone, Gurke, Zwiebel und Chilischote in einer großen Schüssel behutsam vermengen. In einer kleinen Schüssel für das Dressing die Oliven mit Honig, Granatapfelsirup, Zitronensaft, Olivenöl und ½ TL Salz vermengen.

Den Salat erneut behutsam durchheben und auf einer Servierplatte anrichten. Die Olivenmischung und den Feta oder Ziegenkäse darüber verteilen. Den Salat mit Minze, Zitronenverbene oder Basilikum und Schwarzkümmel bestreuen. Sofort servieren.

Diese Version von Fattusch kommt dem klassischen Brotsalat, den wir alle kennen und lieben, recht nahe. Sie unterscheidet sich jedoch leicht von dem, den meine Mutter zu machen pflegte. Na'amas Fattusch, der auch in meinen Büchern *Jerusalem* und *Palästina* zu finden ist, wird in meiner Familie heute noch genauso zubereitet. Für mich ist es beruhigend zu wissen, dass ihr Vermächtnis weiterlebt.

Hier wird der Salat mit geröstetem Brot und Zitronendressing mit Granatapfelsirup zubereitet, während meine Mutter frisches Brot und selbst gemachtes Buttermilchdressing verwendete. Beide Versionen sind farbenfroh, knusprig, würzig und gespickt mit frischen Kräutern.

Wer könnte solch einem Salat widerstehen, mit sonnengereiften Tomaten, erfrischenden Gurken und knusprigen Croûtons. Variieren Sie die Zutaten je nach Saison oder Kühlschrankinhalt. Fein geschnittener Rot-, Weiß- oder Grünkohl, rohe Zucchini und grüner Spargel, sie alle sind schmackhafte Optionen für diesen vielseitigen Salat.

Für 4–6 Personen

Fattusch – Palästinensischer Brotsalat

Fattoush

2–3 Vollkorn-Pita-Brote vom Vortag
350 g bunte Tomaten
1 große Salatgurke (300 g)
1 rote Paprikaschote (150 g)
1 große Knoblauchzehe, zerdrückt
3 EL Zitronensaft
1½ EL Weißweinessig
1½ EL Granatapfelsirup
4 EL Olivenöl
½ TL Kreuzkümmelsamen, geröstet und grob zerstoßen
1 EL Sumach, plus mehr zum Bestreuen
120 g Radieschen, in dünne Scheiben geschnitten
1 große, längliche Schalotte (70 g), in dünne Ringe geschnitten
3–4 Frühlingszwiebeln, in Röllchen geschnitten
20 g Petersilie, grob gehackt
15 g frische Minze, in feine Streifen geschnitten
10 g Koriandergrün, grob gehackt
Salz

Den Backofen auf 180 °C Umluft vorheizen.

Die Pita-Brote waagerecht aufschneiden, nebeneinander auf ein Backblech legen und im Ofen 10–12 Minuten goldbraun rösten. Abkühlen lassen und anschließend in mundgerechte Stücke zerrupfen.

Die großen Tomaten in 1 cm dicke Spalten schneiden, die kleineren halbieren, gemeinsam in eine große Schüssel legen. Die Gurke und die Paprikaschote von Kernen bzw. Samen befreien, in 1 cm große Würfel schneiden und in der Schüssel untermischen.

Bis auf das Brot sämtliche restliche Zutaten sowie ¾ TL Salz hinzufügen und alles sorgfältig vermengen, sodass das Gemüse vom Dressing rundherum bedeckt ist.

Erst kurz vor dem Servieren das geröstete Brot unter den Fattusch heben. Den Salat mit etwas Sumach bestreuen und sofort servieren.

Khyar bil Laban (wörtlich »Joghurt mit Gurke«) ist ein weiterer Dauergast auf den Esstischen des Nahen Ostens und wird häufig zu Reisgerichten serviert, um der gehaltvollen Komponente einen frischen, kühlenden Akzent entgegenzusetzen.

Nichts geht über einen Teller voll mit Mejadra mit zweierlei Linsen (s. S. 169) oder Ouzi-Filo-Teigtaschen (s. S. 224) mit einem großzügigen Löffel dieses Salates dazu. Ich verwende nach Möglichkeit die im Nahen Osten verbreiteten Mini-Gurken, sie sind weniger wässrig und schmecken viel aromatischer.

Für 6 Personen
als Beilage

Gurken-Feta-Joghurt mit Dill, Mandeln & Rosenblättern

Khyar bil Laban

4 Mini-Gurken oder 1 gewöhnliche Salatgurke
500 g Labneh (s. S. 23) oder griechischer Joghurt (10 % Fettgehalt)
120 g Feta, zerkrümelt
1 große Knoblauchzehe, zerdrückt
2 EL Zitronensaft
1 EL Olivenöl, plus mehr zum Beträufeln
Salz
je 1 EL Koriandergrün, Dill und Minze, grob gehackt, plus mehr zum Garnieren
½ TL getrocknete Minze
1 große grüne Chilischote, ausgekratzt und fein gehackt
1 Limette, geschält, filetiert und grob gewürfelt
20 g Mandelkerne, geröstet und grob gehackt
½ TL Schwarzkümmelsamen
1 TL getrocknete unbehandelte Rosenblütenblätter

Die Gurken schälen. Die Mini-Gurken würfeln (Kantenlänge 2 cm) oder die große Salatgurke vor dem Würfeln (Kantenlänge 2 cm) längs halbieren und von den wässrigen Kernen befreien.

Die Gurkenwürfel in eine große Schüssel füllen. Labneh oder Joghurt sowie Feta, Knoblauch, Zitronensaft, Olivenöl, ½ TL Salz, Kräuter, Chilischote und Limettenwürfel hinzufügen. Alles sorgfältig unterheben und vermengen.

Die Mischung auf einem großen Teller anrichten und mit Mandeln, Koriander, Dill, Minze und Schwarzkümmel garnieren. Mit den Rosenblättern dekorativ bestreuen, den Salat mit 1 kräftigen Schuss Olivenöl abrunden und servieren.

In den letzten Jahren hat Wilder Spargel oder Halyoun Al Hamra in Palästina enorm an Popularität gewonnen, besonders in Gaza, wo die zarten Stangen im Frühsommer gesammelt werden, sei es für den Eigenbedarf oder um sie auf dem Markt zu verkaufen. Der meiste Wilde Spargel wächst unter Kaktusbäumen. Er wird bei uns gewöhnlich gewürfelt und mit Eiern in Olivenöl gebraten.

Servieren Sie diesen Spargel als Vorspeise, als Teil einer Mezze-Auswahl, als Beilage zu einem Sellerie-Tomaten-Auflauf (s. S. 185) oder zu Grillgerichten.

Für 4 Personen

Gerösteter grüner Spargel mit Feta, Mandeln & Minze

Halyoun

Dressing
25 g gehobelte Mandeln
2 TL Schwarzkümmelsamen, leicht zerstoßen
1½ EL Zitronensaft
2 EL Olivenöl
1 kleine Knoblauchzehe, zerdrückt
⅓ TL Zucker
Salz und frisch gemahlener schwarzer Pfeffer

Grüner Spargel
20 dickere grüne Spargelstangen (ca. 300 g)
1 EL Olivenöl
Salz und frisch gemahlener schwarzer Pfeffer
60 g Feta, zerkrümelt
10 kleine frische Minzeblätter
½ TL Aleppo-Chiliflocken (Pul Biber oder andere milde Chiliflocken)

Den Backofen auf 180 °C Umluft vorheizen.

Die Mandeln auf einem mit Backpapier bedeckten Blech verteilen und im Ofen 7 Minuten goldbraun rösten. In einer Schüssel zum Abkühlen beiseitestellen.

Die restlichen Zutaten für das Dressing in einer Schüssel sorgfältig verrühren und mit ⅓ TL Salz sowie 1 kräftigen Prise schwarzem Pfeffer abschmecken.

Die Ofentemperatur auf 200 °C Umluft erhöhen.

Die harten Enden des Spargels abbrechen, sehr dicke Stangen längs halbieren. Den Spargel auf einem mit Backpapier bedeckten Backblech verteilen. Mit dem Olivenöl beträufeln und den Spargel rundherum sorgfältig in dem Öl wenden. Gleichmäßig ausbreiten, mit ⅓ TL Salz und 1 kräftigen Prise schwarzem Pfeffer würzen und den Spargel im Ofen 20–22 Minuten rösten, bis er zart und außen knusprig ist.

Die heißen Spargelstangen auf einer Platte anrichten und den zerkrümelten Feta darauf verteilen. Die Mandeln unter das Dressing rühren und über den Spargel löffeln. Mit der Minze garnieren, die Chiliflocken über das Gemüse streuen und sofort servieren.

Orangen und Fenchel steppen einträchtig auf dem Teller, wo sich ihre süßen und subtil bitteren Noten harmonisch verbinden, um unsere Geschmacksknospen zu kitzeln. Wenn ich Orangen und Fenchel, großzügig bestreut mit Meersalz und Chiliflocken, snacken kann, bin ich glücklich. Ich freue mich immer auf die Blutorangensaison, dann sind diese Früchte bei mir im Dauereinsatz – wegen des Geschmacks und ihrer wunderschönen Farbe.

Servieren Sie diesen Salat als bunten Auftakt mehrerer Gänge – einfach in die Tischmitte stellen, sodass sich jeder selbst bedienen kann – oder als erfrischende Beilage, die zu vielen Gerichten passt.

Für 4–6 Personen als Vorspeise oder als Beilage

Bittersalate mit Fenchel & Orange

Salatet Shumar w Burtuqal

4 Blutorangen oder Saftorangen
100 g Radicchio
100 g weißer oder roter Chicorée (1 kleiner Chicorée)
½ kleine rote Zwiebel
1 kleine Fenchelknolle
120 g Rucola
Salz und frisch gemahlener schwarzer Pfeffer
70 g fester Ziegenkäse, in Stücke zerbrochen
5 g frische Minze, grob zerzupft
5 g frischer Estragon, grob zerzupft
3 EL Granatapfelsamen
25 g Sonnenblumenkerne, geröstet

Dressing
4 EL Zitronensaft
4 EL Orangensaft
75 ml Olivenöl
1 EL Granatapfelsirup
2 TL Orangenblütenwasser
Salz und frisch gemahlener schwarzer Pfeffer

Die Orangen mit einem scharfen Messer am Stielansatz und an der Basis kappen, aufrecht auf das Arbeitsbrett stellen und der Rundung der Frucht folgend die Schale samt der bitteren weißen Haut abschneiden. Das Fruchtfleisch quer in 5 mm dicke Scheiben schneiden.

Für das Dressing in einer kleinen Schüssel Zitronen- und Orangensaft, Olivenöl, Granatapfelsirup und das Orangenblütenwasser verrühren. Mit ½ TL Salz und 1 kräftigen Prise schwarzem Pfeffer abschmecken. Das Dressing gründlich verschlagen und beiseitestellen.

Die Blätter des Radicchios und des Chicorées vom Strunk trennen, in große Stücke zerpflücken und in eine große Schüssel legen. Zwiebel und Fenchelknolle in ganz feine Streifen schneiden. Gemeinsam mit dem Rucola unter die Salatblätter in der Schüssel mischen. Ein Viertel des Dressings zugießen, mit 1 weiteren Prise Salz und Pfeffer verfeinern und den Salat sorgfältig durchheben.

Den Salat auf einer großen Servierplatte schichtweise mit den Orangenscheiben, dem Ziegenkäse und den Kräutern arrangieren. Dabei darauf achten, dass sie möglichst gleichmäßig verteilt sind. Mit einigen Orangenscheiben und Käsestückchen abschließen, das restliche Dressing über den Salat träufeln. Mit den Granatapfelsamen und den Sonnenblumenkernen bestreut servieren.

Mit Ofengerichten vom Blech kann man Küchenarbeit fabelhaft vereinfachen und gleichzeitig den Geschmack maximieren. Da alles zusammen gegart wird, verschmelzen die Aromen in köstlichster Weise, dazu lässt sich das Gericht direkt in der Form oder im Blech servieren. Die Kurkuma verleiht dem Blumenkohl hier nicht nur einen satten Goldton, sondern auch eine vielschichtige Note. In Kombination mit Kichererbsen wird daraus eine nahrhafte und sättigende Mahlzeit. Der Zitronenjoghurt setzt einen zugleich erfrischenden und cremigen Akzent, der das Ganze perfekt abrundet. Egal ob als Abendessen unter der Woche oder als Festmahl am Wochenende serviert, dieser leuchtende Blumenkohl hinterlässt garantiert Eindruck!

Für eine vegane Variante können Sie den Labneh durch Tahini-Sauce (s. S. 32) ersetzen. Dazu passen Couscous-Puffer mit Zitronenjoghurt (s. S. 223).

Für 4 Personen
als Beilage

Blumenkohl & Kichererbsen mit Kurkuma-Zitronen-Joghurt

Zahra ma' Hummus

1 kleiner Blumenkohl (à 800 g), in 3 cm große Röschen zerteilt, plus einige zarte Blätter
1 Dose Kichererbsen (400 g), abgebraust und abgetropft
4 Knoblauchzehen, geschält
3 EL Olivenöl
1½ TL gemahlene Kurkuma
¾ TL Paprikapulver geräuchert
½ TL Aleppo-Chiliflocken (Pul Biber oder andere milde Chiliflocken)
Salz
200 g dicker Joghurt oder Labneh (s. S. 23)
1 TL Bio-Zitronenabrieb
1 EL Zitronensaft
5 g frische Minze, grob gehackt
5 g Koriandergrün, grob gehackt

Zum Servieren
Zitronenspalten

Den Backofen auf 180 °C Umluft vorheizen und ein großes Backblech mit Backpapier auslegen.

Den Blumenkohl (Röschen und Blätter) mit den Kichererbsen in eine große Schüssel füllen. Die Knoblauchzehen im Ganzen mit 2 EL Olivenöl, Gewürzen und ½ TL Salz hinzufügen. Alles gründlich vermengen. Das Gemüse auf dem vorbereiteten Blech verteilen und im Ofen 30 Minuten rösten, bis der Blumenkohl goldbraun ist. Nach der Hälfte der Zeit wenden. Aus dem Ofen nehmen und 20 Minuten abkühlen lassen.

Inzwischen für die Joghurtsauce den Joghurt oder Labneh in einer Schüssel mit Zitronenabrieb sowie -saft und ⅓ TL Salz verrühren. Die Mischung auf einem großen, flachen Servierteller verstreichen und den Blumenkohl-Kichererbsen-Mix darauf anrichten. Restliches Olivenöl (1 EL) über das Gemüse träufeln, alles mit Kräutern bestreuen. Mit den Zitronenspalten dazu servieren.

Meine schönsten Kindheitserinnerungen kreisen um einfache Mahlzeiten. Eine, die besonders heraussticht, war der »Maqali-Tag« – jeden Freitagmittag. *Maqali*, was so viel wie »frittiertes Gemüse« bedeutet, ist ein Teller mit gemischtem Frittiertem wie Auberginen, Blumenkohl, Kartoffeln und Tomaten, das noch heiß in Khubz verstaut wurde. Mit 1 Klecks Tahini-Sauce und 1 guten Spritzer Zitronensaft war es das leckerste Mittagessen. Eine Variante dieses beliebten Gerichts sind meine Sandwiches mit gegrilltem Gemüse (s. S. 202), die einen besonderen Platz in meinem Herzen haben.

Dieses Auberginen-M'tabbal sind eine weitere Spielart einer Gemüsezubereitung, die sich als Salat präsentiert. Ein einfaches Mittag- oder Abendessen unter der Woche, aber auch ein perfekter Begleiter zu jeder Mahlzeit, der jede Menge Geschmack und Struktur auf den Esstisch bringt.

Für 4 Personen

Frittiertes Auberginen-M'tabbal mit Tomaten-Koriander-Salsa

M'tabbal Bitinjan Makli

3 mittelgroße Auberginen (850 g)
Salz und frisch gemahlener schwarzer Pfeffer
60 g Tahini (Sesammus)
150 g griechischer Joghurt (10 % Fettgehalt)
4 EL Zitronensaft
2 große Knoblauchzehen, zerdrückt
500 ml Sonnenblumenöl
2 große Flaschentomaten (230 g), grob gerieben
3 EL Olivenöl
10 g Koriandergrün, grob gehackt

Die Auberginen putzen, in 15 mm große Würfel schneiden und in einem Sieb in die Spüle stellen oder auf eine Schüssel setzen. Die Auberginenwürfel mit 2 TL Salz bestreuen, gut durchmischen und 1 Stunde bei Raumtemperatur ziehen lassen.

Inzwischen Tahini, Joghurt, 2 EL Zitronensaft und Knoblauch in einer großen Schüssel mit ½ TL Salz bestreuen. Alles gründlich verrühren und zugedeckt beiseitestellen.

Die Auberginen nach 1 Stunde auf einem großen, sauberen Küchentuch ausbreiten und trocken tupfen. Das Sonnenblumenöl in einer tiefen Pfanne (etwa Ø 28 cm) erhitzen und die Auberginenwürfel darin in drei Portionen (à etwa 5 Minuten) goldbraun frittieren. Mit einer Schaumkelle aus dem Öl fischen und auf einem Teller auf Küchenpapier abtropfen lassen.

Drei Viertel der frittierten Auberginen unter den Tahini-Joghurt ziehen und alles mit 1 Prise Salz abschmecken. Dabei die Auberginen gleichmäßig untermengen und einige größere Stücke mit dem Löffelrücken zerdrücken. In einer weiteren Schüssel die restlichen Auberginen mit geriebenen Tomaten, restlichem Zitronensaft (2 EL), 2 EL Olivenöl sowie 1 Prise Salz und schwarzem Pfeffer sorgfältig vermengen.

Auberginensalat auf einem Teller anrichten, mit Tomaten-Salsa garnieren und mit Koriandergrün bestreuen. Mit dem restlichen Olivenöl (1 EL) beträufeln und servieren.

Dieser erfrischende kleine Salat aus Wintergemüse macht sich gut als Beilage zu Mejadra mit zweierlei Linsen (s. S. 169) und Bulgur-Kubbeh (s. S. 216) oder auch als Teil einer Auswahl von kleinen Speisen. Bringen Sie ruhig noch weiteres Wintergemüse ins Spiel, etwa Rüben, Radieschen oder Pastinaken; auch Karotten bieten sich an. Der Salat wartet nicht gern, also am besten sofort servieren.

Für 2–4 Personen oder als Teil einer Mezze-Auswahl

Fenchel-Kohlrabi-Salat mit Koriandergrün

Salatet Shumar w Kohlrabi

2 mittelgroße Kohlrabi-knollen (800 g)
1 große Fenchelknolle (200 g)
Salz und frisch gemahlener schwarzer Pfeffer
250 g griechischer Joghurt (10 % Fettgehalt)
1 grüne Chilischote, von Samen befreit und fein gehackt
1 Knoblauchzehen, zerdrückt
1 EL abgeriebene Schale einer Bio-Orange
2 EL Zitronensaft
1 EL Olivenöl, plus mehr zum Beträufeln
15 g Koriandergrün, grob gehackt
10 g frische Minzeblätter, in feine Streifen geschnitten
1 TL getrocknete Minze

Den Kohlrabi schälen und halbieren. Das Grün und die Stängel des Fenchels entfernen, die Knolle senkrecht halbieren. Kohlrabi und Fenchel auf einem Gemüsehobel (Mandoline) oder mit einem scharfen Messer in hauchdünne Scheiben schneiden. Das Gemüse in einem Sieb auf eine Schüssel setzen und mit ½ TL Salz bestreuen. Sorgfältig durchmischen und 20 Minuten bei Raumtemperatur ziehen lassen.

Joghurt, Chilischote, Knoblauch, Orangenabrieb, Zitronensaft und Olivenöl in einer großen Schüssel verrühren. Mit ½ TL Salz und 1 kräftigen Prise schwarzem Pfeffer abschmecken. Kohlrabi und Fenchel sowie Koriandergrün und Minze gleichmäßig, aber behutsam unterziehen.

Den Salat auf einer Servierplatte anrichten. Mit der getrockneten Minze bestreuen. Mit 1 kräftigen Schuss Olivenöl beträufeln und den Salat sofort servieren.

Am letzten Tag meiner Reisen nach Jerusalem schaue ich immer am Damaskustor vorbei, um vor meiner Rückreise nach London ein paar Zutaten einzukaufen. Darunter ist immer frisches Za'atar, das ich bei den *falahat* (Dorffrauen) erstehe, die am Straßenrand unten am Markt in der Altstadt saisonale Produkte anbieten.

Aus frischem Za'atar, Zwiebeln und Sumach bereitet man einen klassischen palästinensischen Salat zu, der auch in einigen der angrenzenden Ländern zu finden ist. Der Star sind die samtigen Za'atar-Blätter mit ihrem unverwechselbaren Geschmack. Sie sind von einem duftig-erdigen Aroma mit sowohl krautigen als auch blumigen Noten, ähnlich Thymian und Oregano, mit einem subtilen Hauch von Pfeffer.

Mit diesem Rezept entsteht der perfekte Salat für den Sommer, wenn Tomaten und Kräuter am besten schmecken.

Für 4 Personen

Tomatensalat mit Za'atar & Sumach

Salatet Za'atar w Banadoura bil Sumac

3 große reife Tomaten, in 5 mm dicke Spalten geschnitten
400 g Kirschtomaten, halbiert
½ rote Zwiebel (70 g), fein gehackt
15 g Petersilie, fein gehackt
1 EL Sumach, plus mehr zum Bestreuen
15 g frisches Za'atar oder Oregano, grob gehackt
40 g Granatapfelsamen

Dressing
3 EL Olivenöl
½ TL Bio-Zitronenabrieb
2½ EL Zitronensaft
1 EL Granatapfelsirup
Salz

Sämtliche Tomaten, Zwiebel, Petersilie und Sumach in einer großen Schüssel vermischen, dafür vorsichtig durchheben.

In einer kleinen separaten Schüssel das Olivenöl mit Zitronenabrieb und -saft sowie mit Granatapfelsirup und 1½ TL Salz verquirlen.

Das Dressing über den Salat gießen, das gehackte frische Za'atar oder den Oregano hinzufügen und alles sorgfältig durchheben. Den Salat auf einer Servierplatte anrichten, mit den Granatapfelsamen und weiterem Sumach bestreut servieren.

In Palästina wird eine alte regionale Blumenkohlsorte namens Zahara Baladi kultiviert. Der in den kühleren Gegenden des Westjordanlandes angebaute Blumenkohl ist ein hoch geschätztes Gemüse. Er wird im Frühjahr ausgesät und braucht im ausschließlich vom Regen bewässerten Feldbau bis zur Erntereife fast ein ganzes Jahr. Es ist eine einzigartige Blumenkohlsorte von gelber Farbe und kräftigem, cremigem und leicht senfigem Geschmack. Die Saison dauert nur wenige Wochen.

Dieses Gericht ist in verschiedenen Versionen in ganz Palästina und Teilen des Nahen Ostens verbreitet. Der Blumenkohl wird gewöhnlich frittiert und heiß mit einem frischen Würfelsalat, Tahini und reichlich Brot zum Auftunken der Sauce serviert. Hier habe ich den Blumenkohl geröstet, was weniger fettig und gesünder ist.

Für 4 Personen
als Beilage oder Teil
einer Mezze-Auswahl

Gerösteter Blumenkohl mit Tahini & Tomaten

Salatet Zahra bil Tahinia

2 große Tomaten (260 g)
Salz und frisch gemahlener schwarzer Pfeffer
1 EL Apfelessig
3 EL Olivenöl, plus mehr zum Beträufeln
1 großer Blumenkohl (ca. 1 kg), in 3–4 cm große Röschen zerteilt
1 grüne Chilischote, in dünne Ringe geschnitten
½ TL gemahlener Zimt
⅓ TL gemahlener Piment
½ TL gemahlene Kurkuma
150 g Tahini-Sauce (s. S. 32)
3 g Petersilie, grob gehackt

Den Backofen auf 180 °C Umluft vorheizen und ein Blech mit Backpapier auslegen.

Die Tomaten halbieren und auf der groben Seite einer Kastenreibe reiben, die Schalen entsorgen. Das Tomatenfruchtfleisch in einem feinen Sieb über einer Schüssel abtropfen lassen – es werden 120 g abgetropftes Fruchtfleisch benötigt. Den abgetropften Saft anderweitig verwenden. Das Tomatenfleisch in einer Schüssel mit ⅓ TL Salz, Essig und 1 EL Olivenöl verrühren, dann diese Salsa beiseitestellen.

Die Blumenkohlröschen in eine große Schüssel legen. Chilischote, restliches Olivenöl (2 EL), Gewürze sowie ¾ TL Salz und 1 kräftige Prise schwarzen Pfeffer hinzufügen. Alles sorgfältig, aber behutsam vermengen. Die Blumenkohlröschen nebeneinander auf dem vorbereiteten Blech ausbreiten und im Ofen 25 Minuten rösten, bis sie goldbraun und stellenweise leicht geschwärzt sind. Herausnehmen und leicht abkühlen lassen.

Die Tahini-Sauce auf einer tiefen Servierplatte verteilen und den Blumenkohl darauf anrichten. Die Tomaten-Salsa über den Blumenkohl löffeln und alles mit gehackter Petersilie bestreuen. Mit etwas Olivenöl beträufeln und servieren.

KAPITEL 5

Suppen

Suppen haben einen besonderen Platz in meinem Herzen, und ich denke, es geht vielen Menschen ähnlich. Ob seidig und glatt, dick und stückig oder eine einfache Brühe mit Nudeln, Suppen spenden immer eine wohlige Wärme und willkommenen Trost.

Die Suppen für dieses Buch auszuwählen, war eine eher schwierige Aufgabe, da ich im Laufe der Jahre etliche gekocht, verkostet und geliebt habe. Wenn ich niedergeschlagen bin oder mich irgendwie sonst schlecht fühle, brauche ich bis heute nichts weiter als einen Teller heißer Linsensuppe, dann geht es mir gleich besser. Sie wirkt wahre Wunder – eine perfekte Medizin.

Die palästinensische Küche ist eine wahre Fundgrube für Suppenfans. Unsere Suppenrezepte sind ein Zeugnis für die kulinarische Vielfalt der Region. Sie schmecken nicht nur köstlich, sie sind auch nahrhaft, gesund und reich an Gemüse, Getreide und Hülsenfrüchten.

Suppen sind wohl nicht nur für mich der Inbegriff für Hausmannskost und wecken Vorstellungen von dampfenden Töpfen, uralten Familienrezepten und der wohlig warmen Geborgenheit einer heimischen Küche.

Für 4–6 Personen

Wenn im Sommer die Tomaten vor Geschmack nur so strotzen, ist diese erfrischende Suppe ein Hochgenuss. In der Tat ähnelt sie der spanischen Gazpacho; die aus Andalusien stammende kalte Suppe ist ein Erbe der arabischen Kultur. Während der maurischen Herrschaft in Spanien hielten wichtige Zutaten wie Tomaten, Paprikaschote und Olivenöl Einzug in die spanische Esskultur. Gekühlte Suppen, in der arabischen Küche gang und gäbe, erfreuten sich im heißen Klima großer Beliebtheit. Diese Suppe bezeugt den nachhaltigen Einfluss der arabischen Kultur auf die Mittelmeerküche – ein köstliches Beispiel für die Verschmelzung der Esskulturen und den kulinarischen Austausch zwischen Spanien und der arabischen Welt.

Einige Tage im Voraus zubereiten; die Suppe verliert weder an Farbe noch an Geschmack. Sie können die Mengen auch verdoppeln. Schmeckt köstlich an heißen Sommertagen im Tumbler serviert.

Kalte Tomaten-Avocado-Suppe mit Chili

Shorbet Banadoura w Avokado

500 g reife Flaschentomaten, blanchiert, gehäutet, entkernt und grob gewürfelt
130 g rote Paprikaschoten, von Samen befreit und grob gewürfelt
130 g Staudensellerie, grob gewürfelt
3 Knoblauchzehen, grob gehackt
2 EL Olivenöl
1½ EL Apfelessig
200 ml passierte Tomaten (Passata)
1 TL Paprikapulver edelsüß
Salz
½ mittelgroße reife Avocado (80 g), geschält und entsteint

Topping
2 Pita-Brote
1 EL Olivenöl
30 g Salatgurke, gewürfelt
½ mittelgroße reife Avocado (80 g), geschält und gewürfelt
30 g rote Paprikaschote, gewürfelt
5 g frische Minze
Rauchige Chilisalsa (s. S. 24)

Tomaten, Paprikaschoten, Sellerie, Knoblauch, Olivenöl, Essig, passierte Tomaten, Paprikapulver und 1¾ TL Salz im Mixer glatt pürieren. Das Avocadofruchtfleisch hinzufügen und alles erneut mixen. Die kalte Suppe in eine Schüssel oder in einen Krug gießen (nach Belieben mit etwas Eiswasser verdünnen) und zugedeckt einige Stunden kalt stellen.

Inzwischen für das Topping ein großes Backblech mit Backpapier auslegen. Die Pita-Brote quer aufschneiden, aufklappen und mit dem Olivenöl bestreichen. Auf dem Backblech im Ofen 10–12 Minuten bei 200 °C Umluft goldbraun und knusprig backen. Leicht abkühlen lassen und in mundgerechte Stücke brechen.

Die gekühlte Suppe auf tiefen Tellern anrichten, oben mit Rillen versehen (mithilfe eines Löffelrückens). Mit Pita-Croûtons, Gurken-, Avocado- und Paprikawürfeln, Minze und Chilisalsa getoppt servieren.

Diese schnell zubereitete und herzhafte Suppe steht in nicht einmal 30 Minuten auf dem Tisch!

Unter den vielen Linsensuppen, die man überall im Nahen Osten findet, ist mir diese palästinensische Variante besonders ans Herz gewachsen. Sie erinnert mich an die kalten Wintertage in Jerusalem, an denen sich die ganze Familie löffelnd um den Ofen scharte.

Doch damit ist der Charme noch nicht ausgereizt – Reste am Folgetag etwa für Fatteh mit gerösteten Auberginen (s. S. 228) verwerten. Die erhitzte Suppe mit Croûtons genießen.

Für 4–6 Personen

Rote Linsensuppe mit Minze & Zitrone

Shorbet Adas bil Laymonn

4 EL Olivenöl, plus mehr zum Beträufeln
1 mittelgroße Zwiebel (185 g), fein gehackt
1 vorwiegend festkochende Kartoffel (180 g), geschält und gewürfelt (Kantenlänge 1 cm)
1 Karotte (170 g), geschält und gewürfelt (Kantenlänge 1 cm)
2 Stangen Staudensellerie (90 g), fein gewürfelt (Kantenlänge 5 mm)
250 g gespaltene rote Linsen, abgebraust
1,2 l heiße Gemüsebrühe
⅓ TL gemahlene Kurkuma
2 TL gemahlener Kreuzkümmel
Salz und frisch gemahlener schwarzer Pfeffer
2 TL getrocknete Minze, plus mehr zum Servieren
1 TL Aleppo-Chiliflocken (Pul Biber oder andere milde Chiliflocken), plus mehr zum Servieren

Zum Servieren

2 Zitronen, geschält und fein gewürfelt (Kantenlänge 5 mm)
5 g Koriandergrün
1 TL Kreuzkümmelsamen, geröstet und leicht zerstoßen

Das Olivenöl in einem großen Topf erhitzen. Die Zwiebel darin bei mittlerer Hitze 5 Minuten weich anschwitzen. Kartoffel, Karotte und Sellerie einrühren. Das Gemüse weitere 2 Minuten anschwitzen, dabei keine Farbe annehmen lassen.

Linsen, Brühe sowie Kurkuma und Kreuzkümmel hinzufügen, gemeinsam zum Kochen bringen und bei geringer Hitze nicht ganz zugedeckt etwa 20 Minuten garen, bis die Linsen zu zerfallen beginnen. Die Suppe mit 2 TL Salz und 1 kräftigen Prise schwarzem Pfeffer abschmecken und vom Herd nehmen. Etwa 750 g der Suppe in eine hohe Kanne oder einen Mixbecher schöpfen und mit einem Stabmixer glatt pürieren (Sie können das natürlich auch in einem Standmixer erledigen).

Die pürierte Suppe zurück in den Topf gießen, die getrocknete Minze und die Chiliflocken einrühren. Alles noch einmal 2 Minuten bei geringer Hitze erwärmen.

Die Suppe in Schalen oder tiefe Teller schöpfen und mit Zitronenfruchtfleisch, Koriandergrün, geröstetem Kreuzkümmel, getrockneter Minze und weiteren Chiliflocken garnieren. Mit Olivenöl abrunden und servieren.

Das armenische Viertel in der Altstadt Jerusalems ist für sein reiches kulturelles und religiöses Erbe bekannt. Das im vierzehnten Jahrhundert gegründete Armenische Patriarchat von Jerusalem ist von vitaler Bedeutung für den Fortbestand der armenisch-christlichen Präsenz in der Region und spiegelt die tiefen historischen Bande zwischen den Armeniern und dem Heiligen Land wider.

In Bethlehem wohnt eine bunte Mischung verschiedener Religionen und ethnischer Gruppen. Laut Lara Nassar-Mitri, deren Angehörige zu den letzten armenischen Familien in der Gegend gehören, gab es in Bethlehem einst eine blühende armenische Gemeinde. Im Laufe der Zeit verschlug es viele von diesem Volk in andere Teile Palästinas oder in andere Länder.

Diese delikate Suppe ist von einem Rezept inspiriert, das auf Laras Mutter zurückgeht. Sie ist belebend und wohltuend und lässt sich warm wie kalt genießen. Sie können verschiedene Kräuter verwenden: Dill, Schnittlauch oder Koriandergrün zum Beispiel, und das Maftoul lässt sich durch anderes Getreide wie Reis, Quinoa, Bulgur oder Gerste ersetzen.

Für 4 Personen

Jerusalemer-armenische Joghurtsuppe

Shorbet Laban Armaniya – Qudsiyy

- 100 g Maftoul (s. S. 308, Glossar), gewaschen und abgetropft
- Salz und frisch gemahlener schwarzer Pfeffer
- 4 EL Olivenöl
- 1 Zwiebel (130 g), fein gehackt
- 400 g griechischer Joghurt (10 % Fettgehalt)
- 100 g Crème double oder Sahne
- 300 ml Gemüsebrühe
- 1 großes Ei, leicht verschlagen
- 1 EL Speisestärke
- 5 g Petersilie, fein gehackt
- 2 Knoblauchzehen, in feine Scheiben geschnitten

Zum Servieren

- 5 Radieschen, in dünne Streifen geschnitten
- 2 EL in feine Streifen geschnittene Minze

Das Maftoul und ½ TL Salz in einem kleinen Topf mit etwa 800 ml Wasser übergießen. Bei starker Hitze zum Kochen bringen und dann bei geringer Hitze 20 Minuten garen.

Inzwischen in einem mittelgroßen Topf 2 EL Olivenöl erhitzen und die Zwiebel bei geringer Hitze 10 Minuten anschwitzen. Dabei achtgeben, dass sie nicht zu viel Farbe nimmt.

In einer mittelgroßen Schüssel Joghurt, Crème double oder Sahne, Brühe, Ei und Speisestärke sorgfältig verschlagen, bis die Mischung glatt ist. Die angeschwitzte Zwiebel vom Herd nehmen, die Joghurtmischung untermischen und alles mit 1 TL Salz sowie 1 kräftigen Prise schwarzem Pfeffer abschmecken. Wieder auf den Herd stellen und die Suppe behutsam zum Kochen bringen. Gelegentlich durchrühren. Das abgetropfte Maftoul und die Petersilie untermischen, alles noch 5 Minuten köcheln lassen.

Für das Knoblauch-Adha im restlichen Olivenöl (2 EL) den Knoblauch in einer Pfanne bei geringer Hitze 2 Minuten goldgelb anschwitzen. Die Suppe mit dem Knoblauch-Adha übergießen und zugedeckt 5 Minuten durchziehen lassen. Abschmecken.

Die Suppe noch einmal durchrühren und auf Schalen oder tiefe Teller verteilen. Mit den Radieschen und der Minze garnieren, dann sofort servieren.

Ich möchte allen Taboulé-Fans da draußen diese erfrischende Suppe ans Herz legen. Sie bietet die ganze Aromavielfalt von Taboulé, erspart Ihnen jedoch das für die Salatversion unumgängliche mühsame Schnippeln und Hacken. Taboulé ist ein für die Levante typischer belebender Salat, der überall in Palästina genossen wird.

Wie der Name bereits andeutet, entstand dieses Gericht aus einer Eingebung – besser gesagt aus Resten eines Taboulé-Salates, der von einem Abendessen für Freunde übrig geblieben war.

Für 4 Personen

Gekühlte Taboulé-Suppe

Shorbet Tabbouleh

120 g feiner Bulgur oder Couscous
500 g frische Tomaten, blanchiert, gehäutet und grob gewürfelt
1 Knoblauchzehe, zerdrückt
10 g Petersilie, grob gehackt
5 g frische Minze, grob gehackt
3 EL Rote Paprikapaste (s. S. 29)
1 kleine Zwiebel (80 g), geschält und grob gehackt
15 ml Zitronensaft
4 EL Olivenöl, plus 2 TL und mehr zum Beträufeln
½ TL Aleppo-Chiliflocken (Pul Biber oder andere milde Chiliflocken)
1 Prise gemahlener Piment
1 Prise gemahlener Zimt
Salz

Zum Servieren
30 g Salatgurke, fein gewürfelt (Kantenlänge 5 mm)
30 g rote Paprikaschote, fein gewürfelt (Kantenlänge 5 mm)
5 g Petersilie, fein gehackt
5 g frische Minze, in feine Streifen geschnitten

In einer mittelgroßen Schüssel 90 g des Bulgurs mit 300 ml kochendem Wasser bedecken, mit einem Teller zudecken und etwa 10 Minuten quellen lassen, bis er das Wasser aufgenommen hat.

Die restlichen Zutaten für die Suppe im Mixer mit 1 TL Salz 1–2 Minuten pürieren, bis die Mischung vollkommen glatt ist.

Die Suppe in eine Schüssel gießen, den eingeweichten Bulgur untermengen und abschmecken.

Die Suppe zudecken und für mindestens 1 Stunde oder bis zum Servieren in den Kühlschrank stellen.

Inzwischen in einer kleinen Pfanne 2 TL Olivenöl erhitzen, die restlichen 30 g Bulgur darin bei niedriger bis mittlerer Hitze 3–4 Minuten goldbraun rösten. Vom Herd nehmen und den gerösteten Bulgur auf einen Teller abkühlen lassen.

Die gekühlte Suppe in Schalen oder auf tiefe Teller schöpfen und mit den Gurken- und Paprikawürfeln sowie dem gerösteten Bulgur garnieren. Mit den gehackten Kräutern bestreuen, mit ein wenig Olivenöl abrunden und servieren.

Für 4 Personen

Ob Ihnen an einem kalten Tag nach einem Seelenwärmer ist oder an einem heißen nach einer erquickenden Erfrischung, diese herzhafte Suppe leistet in beiden Fällen schnelle Abhilfe. Am besten schmeckt sie mit frischem Zuckermais, sofern er Saison hat, der ihren süßlich-cremigen Charakter voll zur Geltung bringt.

Die neben Mais aus Bohnen und Weißkohl zubereitete Suppe ist ausgesprochen vielseitig und vereint ein ganzes Bündel an temperamentvollen Zutaten zu einer schmackhaften Mahlzeit. Die frischen Maiskörner sorgen für eine süße Note und angenehmen Crunch, was das erdige Aroma der Bohnen und den knackigen Biss des Weißkohls perfekt ergänzt.

Die Suppe ist erstaunlich vielseitig und ganzjährig ein Genuss. In den kalten Wintermonaten spendet sie am Kamin genossen Wärme und Wohlbehagen, im Sommer verwandelt sie sich raumtemperiert oder leicht gekühlt zu einer leichten, erfrischenden Mahlzeit.

Mais-Bohnen-Suppe mit Weißkohl

Shorbet Dhurah w Malfoof

3 EL Olivenöl
1 große Zwiebel (180 g), fein gehackt
2 EL Tomatenmark
1 EL Rote Paprikapaste (s. S. 29)
320 g Maiskörner (von ca. 2 großen Maiskolben; oder TK)
1 TL Paprikapulver edelsüß
1½ TL gemahlener Kreuzkümmel
Salz und frisch gemahlener schwarzer Pfeffer
150 g Weißkohlblätter, in kleine Stücke gehackt
1 l Gemüsebrühe
1 Dose Borlotti-Bohnen (à 400 g) oder andere weiße Bohnen, abgebraust und abgetropft

Zum Servieren
2 EL gehackte Petersilie
Zitronenspalten
knuspriges Brot

Das Olivenöl in einem großen Topf bei mittlerer Temperatur erhitzen. Die Zwiebel darin 5 Minuten anschwitzen, bis sie weich ist und etwas Farbe genommen hat.

Das Tomatenmark und die Paprikapaste hinzufügen, 1 Minute mitrösten. Den Mais sowie Paprikapulver, Kreuzkümmel, 1½ TL Salz und 1 kräftige Prise schwarzen Pfeffer einrühren. Diese Mischung 3 Minuten garen, bis der Mais leicht zu karamellisieren beginnt.

Den Weißkohl hinzufügen und ebenfalls einige Minuten anschwitzen, bis er allmählich weich wird. Die Brühe angießen, die Bohnen hineinschütten, die Mischung zum Kochen bringen und dann zugedeckt bei geringer Hitze 15 Minuten köcheln lassen.

Die Suppe in vier Schalen oder auf tiefe Teller schöpfen, mit der Petersilie bestreuen und mit Zitronenspalten und knusprigem Brot servieren.

Für 4–6 Personen

Winterliche Suppen können schon mal etwas deftig und schwer sein, nicht jedoch diese. Sie ist spritzig und pfeffrig, dazu nahrhaft und wohltuend.

Da ich mit reichlich Blattgemüse auf dem Esstisch wie Spinat, Mangold, *khubeza* (Wilde Malve) und *muluchiya* (Gericht mit Jute) groß geworden bin, mag ich sie alle und kann nicht genug davon kriegen.

Zitrone verleiht der Suppe einen frischen Anstrich, während Maftoul und Kichererbsen für die cremige Konsistenz zuständig sind. Sie ist unglaublich einfach in der Zubereitung und schmeckt am Folgetag noch besser. Als Alternative zu Maftoul können Sie auch Fregola, eine Pastasorte aus Sardinien, verwenden. Und anstelle von Mangold bieten sich Spinat oder Grünkohl an.

Mangoldsuppe mit Maftoul

Shorbet Sileq w Maftoul

- 200 g Maftoul (s. S. 308, Glossar)
- 2 EL Olivenöl
- 1 große Zwiebel, gehackt
- 1 Bund Mangold (200 g; ca. 10 Blätter), gehackt, einschließlich der Blattrippen
- ⅓ TL Baharat (s. S. 39)
- Salz und frisch gemahlener schwarzer Pfeffer
- 3 EL Tomatenmark
- 3 EL Zitronensaft
- 1 Dose Kichererbsen (400 g), abgebraust und abgetropft
- 1 EL Tahini (Sesammus; nach Belieben)

Das Maftoul mehrmals gründlich abbrausen und beiseitestellen.

In einem großen Topf 1,5 l Wasser zum Kochen bringen und auf dem Herd weiter erhitzen.

Das Öl in einer Pfanne erhitzen und die Zwiebel darin weich anschwitzen. Den Mangold hinzufügen und schwenken, bis das Gemüse zart und in sich zusammengefallen ist. Dabei härtere Rippenstücke zuerst einrühren.

Maftoul hinzufügen, mit Baharat sowie 2 TL Salz und ⅓TL schwarzem Pfeffer vermischen und Tomatenmark unterrühren. Das heiße Wasser angießen, alles zum Kochen bringen und anschließend bei geringer Hitze köcheln lassen.

Nach etwa 20 Minuten Zitronensaft und Kichererbsen untermischen. Alles weitere 5 Minuten köcheln lassen, bis das Maftoul weich ist. Die Suppe, falls nötig, mit weiterem Salz, Pfeffer und Zitronensaft abschmecken.

Für eine Kostprobe mit Tahini schöpfen Sie einfach etwas Suppe in eine Schale und rühren etwas Tahini hinein. Falls Ihnen das Ergebnis zusagt, rühren Sie vor dem Servieren 1 EL Tahini unter die Suppe.

Kubbet al Raheb, »Mönchsknödel« auf Arabisch, ist ein traditionelles Gericht, dessen Wurzeln bis in biblische Zeiten zurückreichen. Palästinensische Christen genießen es im Allgemeinen in der Fastenzeit und am Karfreitag.

Eine solche säuerlich-frische Suppe mit weichen Bulgurklößen hat in der Tradition vieler Familien einen ganz besonderen Stellenwert. Die Zubereitung dieses Seelenbalsams ist wie ein kulinarisches Ritual, das über Generationen fortlebt.

Für 4 Personen

Linsensuppe mit Bulgurknödeln

Kubbet al Raheb

Knödel

100 g feiner Vollkornbulgur
25 g Mehl
½ kleine Zwiebel (35 g), ganz fein gehackt
5 g frische Minze, in feine Streifen geschnitten
1 EL gehacktes Basilikum
⅓ TL gemahlener Piment
½ TL Paprikapulver edelsüß
⅓ TL Aleppo-Chiliflocken (Pul Biber oder andere milde Chiliflocken
Salz und frisch gemahlener schwarzer Pfeffer

Suppe

100 g grüne oder braue Linsen, abgebraust und abgetropft
2 EL Olivenöl
1 mittelgroße Zwiebel (180 g), fein gehackt
3 Knoblauchzehen, zerdrückt
900 ml Gemüsebrühe
140 g Mangoldblätter, fein gehackt
2 EL Zitronensaft
2 EL gehackte Petersilie

Für die Knödel den Bulgur in einer großen Schüssel mit 500 ml kaltem Wasser bedecken und 20 Minuten einweichen lassen.

Sobald er weich ist, den Bulgur in ein Sieb gießen und gut ausdrücken. Zurück in die Schüssel füllen, die restlichen Zutaten für die Knödel hinzufügen und alles mit ½ TL Salz und 1 kräftigen Prise schwarzem Pfeffer vermischen.

Die Masse mit den Händen durchkneten und zu einer klebrigen Konsistenz verarbeiten. Ist sie zu trocken, noch 1 Schuss Wasser untermengen und so lange kneten, bis sie von teigartiger Konsistenz ist. Aus der Masse 16 Knödel formen (à etwa 17 g), diese auf einem flachen Teller zugedeckt 10 Minuten kalt stellen.

Für die Suppe die Linsen in einer kleinen Schüssel mit Wasser bedecken und 10 Minuten einweichen.

Das Olivenöl in einem großen Topf bei mittlerer Temperatur erhitzen und die Zwiebel darin etwa 5 Minuten weich anschwitzen. Den Knoblauch unterrühren und alles 1 weitere Minute anschwitzen.

Die abgetropften Linsen und die Brühe hinzufügen, zum Kochen bringen und zugedeckt bei geringer Hitze 20 Minuten garen, bis die Linsen weich sind. Die Knödel nacheinander hineinlegen und behutsam unterrühren. Den Mangold hinzufügen. Die Suppe mit ¾ TL Salz und 1 kräftigen Prise schwarzem Pfeffer abschmecken. Erneut zum Kochen bringen, den Deckel auflegen und die Suppe bei geringer Hitze 20 Minuten köcheln lassen, bis sie eingedickt ist und die Knödel weich sind.

Kurz vor dem Servieren den Zitronensaft unterrühren, die Suppe in tiefe Schalen schöpfen und mit der Petersilie garniert servieren.

Ob als wohltuende Mahlzeit unter der Woche oder als raffinierte Vorspeise, diese Suppe mit ihrer leuchtend grünen Farbe und ihrer seidigen Konsistenz ist die perfekte Wahl. Beide Elemente (Suppe und Brösel) können Sie im Voraus zubereiten, die Suppe hält sich im Kühlschrank bis zu 3 Tage und lässt sich sogar einfrieren.

Machen Sie am besten die doppelte Menge an Za'atar-Bröseln, sie lassen sich in einem fest verschlossenen Behälter gut lagern und wunderbar über Pasta, Salat und geröstetes Gemüse streuen.

Für 6–8 Personen

Spinatsuppe mit Zitrone & Za'atar-Bröseln

Shorbet Sabanikh bil Laymonn

4 EL Olivenöl, plus mehr zum Beträufeln
2 Lauchstangen (weißer und hellgrüner Teil, 350 g), grob gehackt
2 Stangen Staudensellerie (90 g), grob gewürfelt
3 Knoblauchzehen, zerdrückt
2 Stängel frischer Oregano
2 Lorbeerblätter
2 vorwiegend festkochende Kartoffeln (300 g), geschält und in 2 cm große Stücke geschnitten
1,3 l Gemüsebrühe
Salz und frisch gemahlener schwarzer Pfeffer
450 g gehackter Spinat (TK), aufgetaut
20 g Koriandergrün, grob gehackt
15 g Petersilie, grob gehackt
2 EL Zitronensaft

Za'atar-Brösel

2 EL Olivenöl
50 g Panko (jap. Semmelbrösel; oder Quinoa, s. Anmerkung)
2 EL Za'atar
⅓ TL Aleppo-Chiliflocken (Pul Biber oder andere milde Chiliflocken)

Zum Servieren

Zitronenspalten

Das Olivenöl in einem großen Topf erhitzen. Darin Lauch und Sellerie bei mittlerer bis starker Hitze unter Rühren 10 Minuten weich anschwitzen. Knoblauch, Oregano und Lorbeer unterrühren, alles 1 weitere Minute garen. Kartoffeln, Brühe sowie 2½ TL Salz und 1 kräftige Prise schwarzen Pfeffer untermischen. Zum Kochen bringen und dann bei geringer Hitze nicht ganz zugedeckt 20 Minuten köcheln lassen, bis die Kartoffeln gar sind.

Inzwischen sämtliche Zutaten für die Za'atar-Brösel in einer mittelgroßen Pfanne bei mittlerer Hitze 5 Minuten goldbraun rösten. Dabei regelmäßig umrühren. Die Brösel auf einen flachen Teller streuen und abkühlen lassen.

Den Oregano und die Lorbeerblätter aus der Suppe entfernen und entsorgen. Spinat, Koriandergrün und Petersilie hinzufügen und noch einmal 3 Minuten erhitzen, bis der Spinat in sich zusammengefallen ist. Die Suppe mit einem Stabmixer pürieren, bis sie ganz glatt ist. Sie können das auch portionsweise in einem Standmixer erledigen.

Kurz vor dem Servieren den Zitronensaft unter die heiße Suppe rühren. Die Suppe in Schalen schöpfen und mit 1 EL Za'atar-Brösel bestreuen. Mit Olivenöl abrunden und mit Zitronenspalten servieren. Die restlichen Brösel dazu reichen.

Anmerkung: Probieren Sie als Variante geröstet Quinoa-Brösel. Dafür in einer kleinen Pfanne 50 g ungegarte Quinoa 3 Minuten rösten und die Pfanne regelmäßig rütteln. Die Quinoa knapp mit Wasser bedecken, alles zum Kochen bringen und zugedeckt 10 Minuten köcheln lassen, bis die Körner das Wasser aufgenommen haben. Die Quinoa auf einem Teller auf Küchenpapier abtropfen lassen und wie Panko weiterverarbeiten.

Freekeh ist ein Getreideerzeugnis, das aus unreif geerntetem Hartweizen gewonnen wird. Der Weizen wird geröstet und gerieben. In Geschmack und Konsistenz einzigartig!

Die lange Geschichte und kulturelle Bedeutung von Freekeh im Nahen Osten zeugt von seinem ungebrochenen Stellenwert als sehr vielseitiges, nahrhaftes Getreide. Seine zufällige Entdeckung und fortwährende Verwendung in der traditionellen Küche belegt, wie innovativ alte Kulturen neuen Herausforderungen begegneten und die vorhandenen Ressourcen zu nutzen wussten. Bis heute ist Freekeh ein Symbol für Widerstandsfähigkeit und ein Zeugnis für das reiche kulinarische Erbe Palästinas und anderer Regionen des Nahen Ostens.

Die Schönheit dieses Gerichts liegt in seiner Schlichtheit: köstlich und gesund, der perfekte herzhafte Genuss.

Für 6 Personen

Gemüsesuppe mit Freekeh

Shorbet Freekeh ma' al Khudar

150 g grob geschroteter Freekeh (s. S. 307, Glossar)
3 EL Olivenöl, plus mehr zum Beträufeln
1 große Zwiebel (120 g), fein gehackt
2–3 große Stangen Staudensellerie (200 g), fein gewürfelt (Kantenlänge 5 mm)
2 mittelgroße Karotten (200 g), geschält und fein gewürfelt (Kantenlänge 5 mm)
3 Knoblauchzehen, zerdrückt
1 l Gemüsebrühe
2 mittelgroße Zucchini (400 g), fein gewürfelt (Kantenlänge 5 mm)
2 TL fein gehacktes frisches Za'atar oder gehackter Oregano
Salz und frisch gemahlener schwarzer Pfeffer
⅓ TL Aleppo-Chiliflocken (Pul Biber oder andere milde Chiliflocken)

Garnitur
gehackte frische Kräuter (Petersilie, Schnittlauch oder Za'atar)

Den Freekeh in einem feinen Sieb unter fließendem kaltem Wasser gründlich abspülen. In einem mittelgroßen Topf mit reichlich Wasser bedecken und 15 Minuten einweichen lassen.

Das Olivenöl in einem großen Topf bei mittlerer Temperatur erhitzen und die Zwiebel unter Rühren darin weich anschwitzen – etwa 7 Minuten. Sellerie und Karotten 5 Minuten unter Rühren mitgaren, anschließend Knoblauch unterrühren und 1 Minute mitschwitzen.

Den Freekeh abgießen und abtropfen lassen. Zu den Zutaten im Topf rühren. Brühe, Zucchini, Za'atar oder Oregano sowie 1½ TL Salz, 1 kräftige Prise schwarzen Pfeffer und Chiliflocken hinzufügen.

Die Suppe zum Kochen bringen und unbedeckt bei geringer Hitze 25–30 Minuten köcheln lassen, bis sie eingedickt ist und das Gemüse sowie der Freekeh gar sind.

Die Suppe in Schalen schöpfen und mit den frischen Kräutern garnieren. Mit 1 Schuss Olivenöl abrunden und servieren.

KAPITEL 6

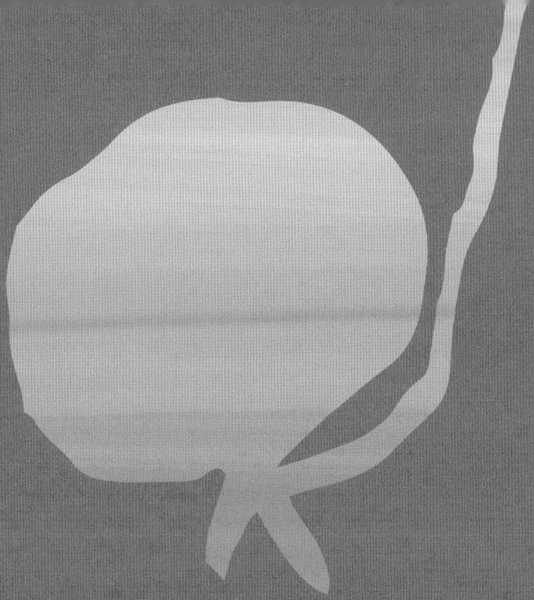

Unter der Woche

Obwohl ich die meiste Zeit meines Lebens von Berufs wegen am Herd stand, koche ich noch immer gern zu Hause. Selbst nach einem langen Tag in der Küche kaufe ich auf dem Heimweg schnell ein paar Zutaten, um etwas für Jeremy und mich zu kochen, oder für mehr, wenn wir Freunde zu Besuch haben.

Wie viele Köche habe ich nach Feierabend keinen besonderen Appetit auf die Dinge, die ich bei der Arbeit zubereite, darum lasse ich mich unter der Woche von Lust und Laune leiten. Ich plane nicht großartig und entscheide oft spontan, was auf den Tisch kommt. Manchmal schaue ich in einem der Läden in der Nähe vorbei und lasse mich vom Angebot inspirieren.

Mahlzeiten unter der Woche sind bei uns dennoch meist einfach und geradlinig. Und in besonders arbeitsreichen Zeiten pflege ich ein, zwei Tage im Voraus zu kochen, sodass wir das Essen nur noch aufwärmen oder minimal fertigstellen müssen.

In diesem Kapitel erwarten Sie originelle Gerichte für unter der Woche. Manche sind ruckzuck auf den Tisch gezaubert und machen den Küchenalltag zum Kinderspiel. Andere nehmen etwas mehr Zeit in Anspruch und erfordern ein wenig Vorausplanung.

Die Rezepte sind so konzipiert, dass sie einfach umzusetzen sind und köstliche Ergebnisse liefern. Wie ein Versprechen auf der Verpackung werden diese Rezepte ihrem Ruf gerecht und garantieren nicht nur einen augenscheinlichen Erfolg.

Ob Ihnen der Appetit nach einem wärmenden Sellerie-Tomaten-Auflauf (s.S. 185) steht, nach wohligem »Nasser« Reis-Linsen-Pilaw (s.S. 186) oder es ein Gegrillter Halloumi mit Portulaksalat (s.S. 164) sein soll, diese Rezepte garantieren Genuss.

Dieses Rezept ist so gestaltet, dass es schnell und einfach zubereitet ist. In nur wenigen Minuten stehen knusprig gebratener Halloumi und ein frischer Salat auf dem Tisch. Es kommt wie gerufen, wenn schnell ein unkompliziertes, gesundes Essen hermuss. Sei es zum Lunch oder zum Abendessen, die erfrischende, an den Zähnen quietschende Kombination hat es mir angetan. Ich garantiere Ihnen, Sie werden der Versuchung immer wieder erliegen.

Falls Sie keine Grillpfanne haben, lässt sich der Halloumi auch unter dem heißen Ofengrill knusprig braten. Anschließend können Sie ihn auch in Stücke schneiden und über den Salat streuen.

Für 4 Personen

Gegrillter Halloumi mit Portulaksalat

Halloum Maklyeh ma' Salatet Baqleh

2 Pckg. Halloumi (à 225 g)
4 EL Olivenöl, plus mehr zum Beträufeln
1 EL Apfelessig
1½ EL flüssiger Honig
Salz und frisch gemahlener schwarzer Pfeffer
300 g bunte Kirschtomaten, halbiert
300 g Mini-Gurken, große Kerne entfernt, längs halbiert und in Stücke geschnitten
80 g Portulak, Feldsalat oder gemischte Blattsalate
5 g frische Minze
10 g frisches Basilikum
5 g frischer Oregano
⅓ TL Aleppo-Chiliflocken (Pul Biber oder gewöhnliche Chiliflocken)
1½ TL Za'atar
60 g Sumach-Zwiebeln (s. S. 33)

Die beiden Halloumi-Blöcke waagerecht halbieren und anschließend genauso erneut halbieren, sodass acht dünne Scheiben entstehen. Den Halloumi trocken tupfen, auf einen Teller legen und mit etwa 1 EL Olivenöl bestreichen. Eine Grillpfanne kräftig erhitzen, die Halloumi-Scheiben einlegen und von jeder Seite 3 Minuten grillen. Die Scheiben nicht bewegen, damit ein appetitliches Grillmuster entsteht, und zum Wenden vorsichtig anheben.

Inzwischen in einer großen Schüssel das restliche Olivenöl (3 EL) mit Essig, Honig sowie ⅓ TL Salz und 1 kräftigen Prise schwarzem Pfeffer verrühren. Tomaten, Gurken, Salatblätter und Kräuter in das Dressing mischen und den Salat sorgfältig damit durchheben.

Zum Servieren den gegrillten Halloumi mit etwas Olivenöl beträufeln und mit Chiliflocken sowie Za'atar bestreuen. Den Salat auf vier Tellern anrichten und mit den Sumach-Zwiebeln garnieren. Je zwei Scheiben vom Halloumi auf dem Salat arrangieren und alles sofort servieren.

Artischocken sind das ganze Frühjahr und oft auch im Herbst erhältlich. In der palästinensischen Küche kostet man die Saison voll aus.

Ich muss zugeben, dass ich bei ausgewachsenen Artischocken ein Faulpelz bin, da sie doch einige Arbeit machen. Ich liebe die kleineren violetten Artischocken und kaufe gleich zwei Bund davon; sie machen weniger Mühe, sind nicht ganz so bitter, haben weniger Stroh, und der Großteil der Blätter ist essbar. Kaufen Sie grundsätzlich frische Artischocken mit festen Stielen, ohne braune Flecken.

Bei diesem Gericht lassen sich die Schneide- und Vorbereitungsarbeiten am Vortag erledigen, sodass es im Handumdrehen fertig ist.

Servieren Sie dazu Fattusch (s. S. 117) und Tahini-Sauce (s. S. 32). Reste können Sie unter Blattsalat mengen und mit Nusskernen bestreuen (s. S.35).

Für 4 Personen

Artischocken & Kartoffeln in Olivenöl mit eingelegter Zitrone

Yakhni Ardi Shauki wa Batata

2 Bio-Zitronen
10 kleine violette oder 4 große Artischocken (1,2 kg)
6–7 mittelgroße festkochende Kartoffeln (600 g), geviertelt
10 große Knoblauchzehen, geschält und längs geviertelt
3 Stängel Oregano
5 Zweige Thymian
3 Stängel Petersilie
1 grüne Chilischote, in 4 Stücke geschnitten
3 EL Apfelessig
Salz und frisch gemahlener schwarzer Pfeffer
150 ml Olivenöl

Salsa
18 g eingelegte Zitrone, fein gehackt
20 g Kapern, grob gehackt
5 g Petersilie, fein gehackt
1 EL Olivenöl

Eine große Schüssel mit kaltem Wasser füllen und den Saft von einer Zitrone hineinpressen, auch die ausgepressten Fruchthälften hineinlegen (damit die Artischocken nicht braun anlaufen). Die andere Zitrone ebenfalls auspressen – benötigt werden 3 EL Zitronensaft.

Wenn die Artischocken lange Stiele haben, diese bis auf etwa 5 cm kürzen. Einige äußere Blätter entfernen, die Artischocken längs durch Stiel und Herz halbieren und mit einem Teelöffel das Stroh herausschaben. Schnittflächen mit ausgepressten Zitronenhälften einreiben und die Artischocken in das Zitronenwasser legen.

Artischocken, Kartoffeln, Knoblauch, Kräuter und Chilischote in einem hohen Topf mit Deckel (Ø 30 cm) mit 1,5 l Wasser bedecken. Frisch gepressten Zitronensaft (3 EL), Essig und 1 EL Salz hinzufügen, alles rasch zum Kochen bringen und dann zugedeckt bei mittlerer Hitze 22 Minuten garen, bis die Kartoffeln weich sind.

Die Kräuter entfernen und den Kochsud bis auf etwa 300 ml abgießen. Den Topf wieder auf den Herd stellen. Olivenöl, ⅓ TL Salz und 1 kräftige Prise schwarzen Pfeffer hinzufügen. Das Ganze unbedeckt weitere 10 Minuten garen, bis das meiste Wasser verkocht ist. Ab und zu umrühren. Den Topf vom Herd nehmen und die Artischocken 10 Minuten abkühlen lassen.

Für die Salsa sämtliche Zutaten in einer kleinen Schüssel sorgfältig verrühren. Die Salsa über die Artischocken und Kartoffeln löffeln und diese im Topf servieren. Oder das Gemüse auf einem Teller anrichten, mit der Salsa garnieren und servieren.

Dies ist eine etwas andere, einfachere Version der beliebten palästinensischen Mejadra, ein Gericht, das ich schon als Kind gern aß. Es weckt Erinnerungen an den Duft von Gewürzen, der sich unter das süßliche Aroma gebratener Zwiebeln mischte und den Raum erfüllte. Ich denke gern daran zurück, wie mein Vater uns Kinder und einen großen Topf Mejadra für ein Picknick schnappte, um der Gluthitze Jerusalems an einen kühlen Ort auf dem Lande zu entfliehen.

Ob heiß oder kalt, diese Kombination der Aromen ist unglaublich wohltuend. Die zu einer Salsa verarbeiteten gerösteten Zwiebeln sind das A und O und sollten auf keinen Fall unterschlagen werden. Dazu passt ein frischer Würfelsalat.

Für 6 Personen

Mejadra mit zweierlei Linsen

Mejadara

200 g ägyptischer oder Rundkornreis, abgebraust
150 g grüne Linsen, abgebraust
100 g rote Linsen, abgebraust
2 TL Kreuzkümmelsamen
1½ EL Korianderkörner
2 EL Olivenöl
2 TL Tomatenmark
½ TL gemahlene Kurkuma
1½ TL gemahlener Piment
1½ TL gemahlener Zimt
Salz und frisch gemahlener schwarzer Pfeffer

Salsa
2–3 große Zwiebeln (530 g)
2 EL Olivenöl
Salz und frisch gemahlener schwarzer Pfeffer
7 g Petersilie, fein gehackt
5 g frische Minze, in feine Streifen geschnitten
4 Frühlingszwiebeln (50 g), in Röllchen geschnitten
2 TL Sumach
2 TL Zitronensaft

Zum Servieren
3 g Petersilie
1 TL Sumach
griechischer Joghurt (10 % Fettgehalt)

Den Backofen auf 170 °C Umluft vorheizen, ein Blech mit Backpapier auslegen. Für die Salsa die Zwiebeln schälen und in Spalten schneiden (2 cm an der dicksten Stelle). In einer großen Schüssel in 1 EL Olivenöl wenden und mit ⅓ TL Salz sowie schwarzem Pfeffer bestreuen. Die Zwiebeln nebeneinander auf dem Blech verteilen und im Ofen 45 Minuten weich rösten, bis sie zu karamellisieren beginnen. Aus dem Ofen nehmen und beiseitestellen.

Inzwischen den Reis in einer kleinen Schüssel mit kaltem Wasser bedecken und 10 Minuten einweichen. Die Linsen in einem kleinen Topf mit reichlich Wasser bedecken, zum Kochen bringen und zugedeckt 10 Minuten garen, bis die grünen Linsen weich sind, aber noch etwas Biss haben (die roten Linsen garen schneller und zerfallen bereits). In ein Sieb gießen und abtropfen lassen.

In einer Pfanne (Ø 24 cm) die Kreuzkümmelsamen und Korianderkörner ohne Fett 1–2 Minuten rösten, bis sie aromatisch duften. Nun 2 EL Olivenöl, Tomatenmark und gemahlene Gewürze 1–2 Minuten mitrösten. Anschließend abgetropften Reis, Linsen und 375 ml Wasser hinzufügen. Alles mit 1½ TL Salz und 1 kräftigen Prise schwarzem Pfeffer gut verrühren. Die Mischung zum Kochen bringen und zugedeckt 15 Minuten köcheln lassen.

Die Mejadra vom Herd nehmen, den Deckel abnehmen und die Pfanne mit einem Küchentuch zudecken. Den Deckel wieder fest aufdrücken. Die Mejadra noch 15 Minuten durchziehen lassen.

Die gerösteten Zwiebelspalten mit dem restlichen Olivenöl (1 EL) und den weiteren Zutaten für die Salsa in einer mittelgroßen Schüssel sorgfältig vermengen.

Zum Servieren Deckel und Küchentuch entfernen, einen großen, flachen Teller umgedreht darauf platzieren und die Mejadra beherzt, aber vorsichtig daraufstürzen. Die Pfanne so 2 Minuten ruhen lassen, dann vorsichtig abnehmen. Die Mejadra mit Salsa, Petersilie und Sumach garnieren, mit Joghurt servieren.

Dieses Rezept ist von traditionellen palästinensischen gefüllten Karotten inspiriert, die in einer kräftigen, knoblauchinfizierten Tamarindenbrühe gegart werden. Hier wollte ich jedoch eine zeitsparende Alternative anbieten, bei der das mühsame Aushöhlen, Füllen und ewig lange Garen, die das Original erfordert, entfällt, ohne Abstriche beim Geschmack zu machen. Diese Version liefert kraftvolle Aromen ohne großen Aufwand.

Servieren Sie die Karotten warm oder kalt. Das Grillen unterstreicht die unterschwellige rauchige Note, sie schmecken aber auch ohne diesen Schritt köstlich (die Karotten dann etwas länger garen). Dazu passen Reis oder Landbrot und Tahini-Sauce (s. S. 32).

Für 4 Personen

Geschmorte Karotten mit Tamarinde & Minze

Jazar bil Tamer Hindi

65 g festes Tamarindenmark
1 kg Karotten (mittlere Größe), geschält und längs halbiert
4 EL Olivenöl
6 Knoblauchzehen, zerdrückt
1 TL getrocknete Minze
10 Kardamomkapseln, leicht zerstoßen
½ TL gemahlener Zimt
½ TL Aleppo-Chiliflocken (Pul Biber oder andere milde Chiliflocken)
1½ TL Korianderkörner, leicht zerstoßen
½ TL Zucker
Salz und frisch gemahlener schwarzer Pfeffer

Zum Servieren
5 g frische Minze
5 g Koriandergrün

Das Tamarindenmark in einer Schüssel mit 100 ml kochendem Wasser übergießen und 20 Minuten quellen lassen. Ab und zu umrühren und die Pulpe ausdrücken. Anschließend die Mischung durch ein feines Sieb in eine Schüssel passieren, die Samen und die festen Rückstände im Sieb entsorgen.

In einer großen Schüssel die Karotten in 1 EL Olivenöl wenden, bis sie rundherum gut bedeckt sind. Eine Grillpfanne stark erhitzen, die Karotten darin ohne Rütteln von jeder Seite 3 Minuten grillen, bis sie ein appetitliches goldbraunes Grillmuster haben.

Das restliche Olivenöl (3 EL) in einer großen, tiefen Pfanne mit Deckel erhitzen. Den Knoblauch bei mittlerer Hitze darin 1 Minute anschwitzen. Regelmäßig umrühren. Die getrocknete Minze sowie sämtliche Gewürze unterrühren und weitere 30 Sekunden anrösten. Karotten, passierten Tamarindensaft, Zucker sowie 1½ TL Salz, etwas Pfeffer und 200 ml kochendes Wasser glatt einrühren. Den Deckel auflegen und die Karotten bei geringer Hitze 35 Minuten schmoren, bis sie weich sind und die Sauce eingedickt ist.

Die Karotten auf einem Teller anrichten. Kurz vor dem Servieren mit frischer Minze und Koriandergrün bestreuen.

Im Frühjahr, wenn Dicke Bohnen besonders zart und schmackhaft sind, ist das mühsame Enthülsen und Häuten der Bohnen nicht nötig. Wählen Sie möglichst kleine und dünne Schoten, dann einfach die Enden kappen und in Stücke schneiden. Auch TK-Bohnen können Sie verwenden.

Das Reizvolle an diesem Gericht ist die supereinfache Zubereitung mit gleichzeitig kraftvollem Aroma. Ful Akhdar ist ein fabelhaftes Hauptgericht, lässt sich aber auch als Beilage oder Teil einer größeren Auswahl an Speisen servieren.

Für 4 Personen
als Hauptgericht
oder für 6 als Beilage

Dicke Bohnen mit Zitrone & Koriandergrün

Ful Akhdar

2 große Bio-Zitronen
80 ml Olivenöl
1 große Zwiebel (150 g), fein gehackt
Salz und frisch gemahlener schwarzer Pfeffer
600 g frische Dicke Bohnen, geputzt und in 3 cm lange Stücke geschnitten
6 Knoblauchzehen, zerdrückt
500 ml Gemüsebrühe
30 g Koriandergrün, grob gehackt

Die Schale von einer Zitrone abreiben (es wird etwa 1 EL Abrieb benötigt). Beide Früchte schälen (einschließlich der bitteren weißen Innenhaut) und das Fruchtfleisch in 5 mm große Stücke schneiden, die Kerne entsorgen. Den Abrieb und das Fruchtfleisch in einer kleinen Schüssel beiseitestellen.

In einer großen Pfanne mit Deckel 3 EL Olivenöl erhitzen. Die Zwiebel und ½ TL Salz darin bei mittlerer Hitze 5 Minuten anschwitzen, bis die Zwiebel weich ist. Hin und wieder umrühren. Die Bohnen hinzufügen, nach weiteren 5 Minuten den Knoblauch und die Brühe einrühren. Alles mit 1⅓ TL Salz und 1 kräftigen Prise schwarzem Pfeffer verfeinern. Zum Kochen bringen und zugedeckt bei geringer Hitze 20 Minuten garen. Die Pfanne vom Herd nehmen. Koriandergrün, Zitronenstücke und -abrieb und restliches Olivenöl (etwa 35 ml) unter die Dicken Bohnen rühren.

Die Dicken Bohnen warm oder kalt mit Reis, Bulgur oder Brot servieren.

Für 4 Personen

Das palästinensische Pendant zum klassischen britischen Egg and Chips (Pommes frites mit Spiegelei) heißt Batata w Beyd oder *muba'atra*, ebenfalls ein einfaches Gericht, das als herzhafter und wohltuender Genuss gilt. Eine simple und dennoch sättigende Mahlzeit aus einfachen Zutaten, die schnell zur Hand sind.

Batata w Beyd wird oft mit einer Beilage aus Gemüse, Pickles, Shatta und Brot als Hauptgericht serviert. Dank seiner Einfachheit ist es eine ideale Wahl für eine schnelle, sättigende Mahlzeit, sei es als Frühstück, Lunch oder Abendessen.

Palästinensisches Egg and Chips

Batata w Beyd

4 große vorwiegend festkochende Kartoffeln (1,2 kg)
4 EL Sonnenblumenöl, plus 1 TL mehr
30 g Butter
Salz und frisch gemahlener schwarzer Pfeffer
2 mittelgroße Zwiebeln (300 g), fein gehackt
8 Eier
1½ TL Sumach
2 EL grob gehackte Petersilie
2 EL frischer Oregano
Olivenöl

Die Kartoffeln schälen und in 15 mm große Würfel schneiden.

In einer sehr großen Pfanne 4 EL Sonnenblumenöl und die Butter erhitzen. Die Kartoffeln darin mit 1 TL Salz und ¾ TL schwarzem Pfeffer vermischen. Bei mittlerer bis starker Hitze 15–20 Minuten braten, bis die Kartoffeln gar, goldbraun und knusprig sind. Dabei ab und zu umrühren. Die Kartoffeln aus der Pfanne nehmen und beiseitestellen.

In derselben Pfanne das restliche Sonnenblumenöl (1 TL) bei mittlerer Temperatur erhitzen und die Zwiebeln darin 5 Minuten goldgelb anschwitzen. Gelegentlich umrühren. Die Kartoffeln einrühren.

Die Eier in der Pfanne aufschlagen und 8–10 Minuten braten, sodass das Eigelb noch leicht flüssig ist. Sie können für die letzten paar Minuten den Deckel auflegen, um den Garprozess zu beschleunigen.

Alles abschließend mit weiterem Salz, Sumach und Kräutern bestreuen, mit 1 Schuss Olivenöl abrunden und servieren.

Es gibt viele Gerichte mit Auberginen und Tomaten im Nahen Osten, und jedes hat seinen eigenen Charakter. Dieser Eintopf macht da keine Ausnahme. Ein herzhaftes Gericht, das fleischige Auberginen und nussig-cremige Kichererbsen mit einer umamireichen Tomatensauce kombiniert. Abgerundet wird das Ganze durch eine pikante grüne Chili-Zitronen-Salsa.

Sie können es mit Reis als eigenständige Mahlzeit servieren, als Basis für Pasta-Auflauf oder Shakshuka verwenden. Am Folgetag schmeckt es übrigens noch besser, ein Grund mehr, es im Voraus zuzubereiten. Nur die Chili-Zitronen-Salsa sollte erst zum Schluss nach dem Wiedererwärmen hinzukommen.

Für 4–6 Personen

Auberginen & Kichererbsen mit grüner Chili-Zitronen-Salsa

Bitinjan ma' Hummus

- 2 mittelgroße Auberginen (600 g), gewürfelt (Kantenlänge 3 cm)
- 90 ml Olivenöl
- Salz und frisch gemahlener schwarzer Pfeffer
- 1 große Zwiebel (240 g), fein gehackt
- 2 Stangen Staudensellerie (160 g), gewürfelt (Kantenlänge 1 cm)
- 1 rote Paprikaschote (180 g), gewürfelt (Kantenlänge 1 cm)
- 8 Knoblauchzehen, zerdrückt
- 2 TL gemahlener Kreuzkümmel
- 1 TL gemahlener Koriander
- ½ TL gemahlener Zimt
- 1 TL Aleppo-Chiliflocken (Pul Biber oder andere milde Chiliflocken)
- 1 TL Paprikapulver (nach Wahl)
- ½ TL gemahlener Piment
- ½ TL gemahlene Kurkuma
- 2 Dosen gehackte Tomaten (à 400 g)
- 2 Dosen Kichererbsen (à 400 g)

Zum Servieren

Grüne Chili-Zitronen-Salsa (s. S. 28), Petersilie hälftig durch Koriandergrün ersetzt

Den Backofen auf 220 °C Umluft vorheizen.

Die Auberginenwürfel auf einem tiefen Blech mit 2 EL Olivenöl beträufeln, mit ⅓ TL Salz und 1 kräftigen Prise schwarzem Pfeffer bestreuen und im Ofen 22–24 Minuten rösten, bis sie goldbraun und weich sind.

Während die Auberginen im Ofen garen, die Sauce zubereiten. Das restliche Öl (60 ml) in einer großen Schwenk- oder Schmorpfanne mit Deckel erhitzen. Die Zwiebel bei mittlerer Hitze darin etwa 5 Minuten weich anschwitzen.

Den Sellerie und die Paprikawürfel untermischen. Das Gemüse ebenfalls 6 Minuten angehen lassen. Den Knoblauch und die Gewürze unterrühren, alles 1 weitere Minute garen.

Tomaten, Kichererbsen, geröstete Auberginen und 300 ml Wasser hinzufügen. Mit 1½ TL Salz und schwarzem Pfeffer verfeinern. Die Mischung zum Kochen bringen und zugedeckt bei geringer Hitze etwa 20 Minuten garen, bis die Auberginen zart und die Aromen gut durchgezogen sind.

Das Bitinjan ma' Hummus ein wenig abkühlen lassen, in Schalen anrichten und mit Grüner Chili-Zitronen-Salsa dazu servieren.

Gebackene Süßkartoffeln sind ein schmackhafter Kandidat für ein Essen unter der Woche oder einen Brunch. Sie schmecken köstlich mit einem Topping aus zart schmelzenden Bohnen, würzigem Käse, nussigem Tahini und einer spritzig-scharfen Grünen Chili-Zitronen-Salsa, die für frische Akzente sorgt.

Ich liebe das Zusammenspiel der Aromen bei diesem Gericht. Und es lässt Spielraum für andere Komponenten, die gerade zur Hand sind, wie Hummus, geröstete Nusskerne und Samen, Reste von gegartem Getreide und Gemüse.

Die Süßkartoffeln lassen sich mit einem frischen grünen Salat als eigenständiges Gericht oder als Beilage servieren. Stellen Sie das Gargeschirr einfach in die Tischmitte, so kann sich jeder Gast ganz ungezwungen selbst bedienen.

Für 4 Personen oder für 6–8 als Beilage

Ofen-Süßkartoffeln getoppt mit Schwarzaugenbohnen

Batata Helweh ma' Loubia

1,2 kg Süßkartoffeln
2 Knoblauchzehen, zerdrückt
2 EL Olivenöl
⅓ TL gemahlener Kreuzkümmel
1 Prise gemahlener Zimt
1 Dose Schwarzaugenbohnen (400 g), abgebraust und abgetropft
Salz und frisch gemahlener schwarzer Pfeffer

Topping
100 g Kirschtomaten, grob gewürfelt
2 Stängel Petersilie, Blätter fein gehackt, plus mehr zum Garnieren
2 Stängel frische Minze, Blätter in feine Streifen geschnitten, plus mehr zum Garnieren
1 EL Zitronensaft
Meersalzflocken
Tahini-Sauce (s. S. 32)
Grüne Chili-Zitronen-Salsa (s. S. 28)
Olivenöl zum Beträufeln

Den Backofen auf 200 °C Umluft vorheizen.

Die Süßkartoffeln unter fließendem Wasser abbürsten, abtrocknen und längs halbieren. Die Hälften mit den Schnittflächen nach unten auf ein mit Backpapier bedecktes Blech legen, mit Alufolie bedeckt im Ofen 30 Minuten backen. Die Folie entfernen und je nach Größe der Süßkartoffeln diese weitere 30–40 Minuten backen, bis sie weich sind (zur Kontrolle mit der Gabel einstechen).

Inzwischen den Knoblauch und das Olivenöl in einem mittelgroßen Topf nicht zu stark erhitzen. Den Knoblauch darin 2 Minuten sanft anschwitzen, jedoch nicht bräunen. Die Gewürze unterrühren, nach 1 weiteren Minute die Bohnen und 100 ml Wasser einrühren. Alles mit ⅓ TL Salz und schwarzem Pfeffer verfeinern. Die Mischung etwa 20 Minuten garen und hin und wieder behutsam umrühren, bis die Flüssigkeit eingekocht ist. Einen Teil der Bohnen grob zerdrücken, damit die Konsistenz noch etwas dicker wird. Beiseitestellen.

Für das frische Topping in einer kleinen Schüssel die Tomaten mit gehackten Kräutern, Zitronensaft und 1 Prise Salz vermengen.

Die weich gegarten Süßkartoffelhälften aus dem Ofen nehmen. Mit der Schnittfläche nach oben hinlegen und mit Meersalzflocken bestreuen.

Die Hälften mit einigen EL Bohnen, 1 EL Tahini-Sauce, Tomatentopping und etwas Grüner Chili-Zitronen-Salsa garnieren. Abschließend noch Minze und Petersilie über dem Topping zerrupfen. Mit Meersalzflocken sowie Olivenöl abrunden, sofort servieren.

Ich schätze diese unscheinbare knubbelige Knolle sehr, vor allem ihren delikaten, erdigen Geschmack. Mit seinem unverwechselbaren Aroma, das dem des Staudenselleries ähnelt, jedoch einen milderen, nussigen Einschlag hat, kann Knollensellerie ein Gericht komplett verwandeln. Hier verbindet er sich mit weiteren Zutaten zu einem perfekten Auflauf, mit einem frischen Blattsalat ein Hochgenuss.

Bereiten Sie den Sellerie und die Sauce am Vortag vor, aber fügen Sie beides erst am Folgetag zum Fertigstellen zusammen.

Für 4 Personen

Sellerie-Tomaten-Auflauf

Karfs w Banadoura bil Furn

- 2 mittelgroße Knollensellerie (1 kg), geschält und in 5 × 35 mm große Stücke geschnitten
- 75 ml Olivenöl
- Salz und frisch gemahlener schwarzer Pfeffer
- 2 große rote Zwiebeln (260 g), in feine Streifen geschnitten
- 4 Knoblauchzehen, zerdrückt
- 1⅓ TL gemahlener Zimt
- ½ TL gemahlener Piment
- ½ TL Aleppo-Chiliflocken (Pul Biber oder andere milde Chiliflocken)
- 1 TL Korianderkörner
- 1 TL Kreuzkümmelsamen
- 1½ EL Sumach
- 1 Dose gehackte Tomaten (à 400 g)
- 2 Eier
- 2–3 Frühlingszwiebeln (30 g), in Röllchen geschnitten
- 120 g Ziegenhartkäse, grob gerieben

Den Backofen auf 200 °C Umluft vorheizen und ein Backblech mit Backpapier auslegen.

Die Selleriewürfel in einer großen Schüssel mit 3 EL Olivenöl vermengen. Mit ½ TL Salz und 1 kräftigen Prise schwarzem Pfeffer bestreuen. Alles gut vermengen, den Sellerie auf dem Blech ausbreiten und im Ofen etwa 40 Minuten rösten, bis er goldbraun und durchgegart ist.

Inzwischen das restliche Olivenöl (etwa 30 ml) in einer großen ofenfesten Pfanne oder einem Bräter erhitzen. Die Zwiebeln darin bei mittlerer bis starker Hitze 7 Minuten anbraten, bis sie weich sind und etwas Farbe genommen haben. Den Knoblauch und die Gewürze unterrühren, gemeinsam 1 weitere Minute garen. Die Tomaten hinzufügen, alles mit ½ TL Salz und kräftig mit schwarzem Pfeffer abschmecken. Bei mittlerer Hitze 5 Minuten garen.

Den fertig gerösteten Sellerie gleichmäßig unter die Tomatensauce rühren. Die Eier in einer Schüssel verschlagen, anschließend die Frühlingszwiebeln und die Hälfte des geriebenen Ziegenkäses untermengen. Die Mischung über das Gemüse gießen, mit dem restlichen Käse bestreuen und im Ofen 25 Minuten goldbraun überbacken.

Den Sellerie-Tomaten-Auflauf sofort servieren, am besten mit einem frischen grünen Salat dazu.

Sha'aktoura ist ein traditionelles Gericht aus der palästinensischen Küche, das viele Gesichter hat und aus Hebron im südlichen Westjordanland stammt. Es kann auf unterschiedliche Weise zubereitet werden, oft wird es als Pilaw oder auch als Suppe serviert.

Die Hauptzutat für Sha'aktoura ist *khubeza* (Wilde Malve), die in Palästina im Frühjahr blüht. Außerhalb der Saison bietet Spinat exzellenten Ersatz, da er in puncto Konsistenz und Geschmack sehr ähnlich ist.

Dieses Rezept liegt irgendwo zwischen einem Pilaw und einer Suppe, in der Konsistenz erinnert es an Risotto, weshalb es auch »nasser Pilaw« genannt wird. Es verbindet die Herzhaftigkeit eines Pilaws mit dem duftigen Charakter eines Risottos.

Sha'aktoura ist ein schnell zubereitetes, schmackhaftes Familienessen und eine sättigende Mahlzeit voller Aromen.

Für 4–6 Personen

»Nasser« Reis-Linsen-Pilaw

Sha'aktoura

Salz und frisch gemahlener schwarzer Pfeffer
175 g ägyptischer Reis oder Rundkornreis
160 g gespaltene rote Linsen
3 EL Olivenöl
1 Zwiebel (120 g), fein gehackt
5 Knoblauchzehen, zerdrückt
1 grüne Chilischote, fein gehackt
30 g frischer Ingwer, fein gerieben
1½ TL Kreuzkümmelsamen, geröstet und fein zerstoßen
1½ TL Korianderkörner, geröstet und fein zerstoßen
¾ TL gemahlener Zimt
½ TL gemahlene Kurkuma
2 EL Tomatenmark
500 g Spinat (TK), aufgetaut
25 g Koriandergrün, grob gehackt
20 g frische Minze, grob gehackt, plus mehr zum Servieren
3 EL Zitronensaft

In einem mittelgroßen Topf 1 l Wasser mit ½ TL Salz zum Kochen bringen. Den Reis und die Linsen in einem Sieb abbrausen, dann im Wasser zum Kochen bringen. Reis und Linsen bei geringer Hitze 20 Minuten bedeckt köcheln lassen, bis der Reis gar ist und die Linsen komplett zerfallen sind. Vom Herd nehmen.

Das Olivenöl in einer großen Pfanne bei mittlerer bis hoher Temperatur erhitzen. Die Zwiebel darin etwa 10 Minuten anbraten, bis sie weich und appetitlich braun ist. Hin und wieder umrühren. Knoblauch, Chili und Ingwer unterrühren, alles 1 weitere Minute garen.

Die Gewürze und das Tomatenmark einrühren, gemeinsam 2 Minuten anrösten. Anschließend Reis und Linsen sowie 300 ml Wasser, 1 TL Salz und 1 kräftige Prise schwarzen Pfeffer hinzufügen. Das Ganze zum Kochen bringen. Dann Spinat, gehackte Kräuter und Zitronensaft unterrühren. Alles noch einmal 2–3 Minuten erhitzen. Mit frischen Minzeblättern garnieren und sofort servieren.

Das Sha'aktoura hält sich im Kühlschrank bis zu 3 Tage, ist ideal für ein Lunchpaket oder ein einfaches Abendessen unter der Woche.

Bei diesem Gericht stand der in der palästinensischen Küche so beliebte geröstete Blumenkohl mit Tahini Pate. *Bil siniyhe* bedeutet auf Arabisch »im Blech« oder »auf dem Blech gebraten«.

Hier werden Spitzkohl und Zwiebeln langsam geschmort, bis sie goldbraun karamellisiert, wunderbar zart und süßlich sind – eine köstliche Zubereitung für Kohl. Zuerst wird er in der Pfanne angebraten, dann kommen nach und nach weitere Aromenschichten hinzu, die den süßkaramelligen Charakter und das nussig-cremige Tahini perfekt ergänzen. Letzteres können Sie durch eine Mischung aus Parmesan und Mozzarella ersetzen, so wird eine Art Gratin daraus.

Für 4 Personen

Bil Siniyhe mit Spitzkohl & Tahini

Malfoof bil Siniyeh

- 4 EL Olivenöl, plus mehr zum Beträufeln
- 2 Spitzkohlköpfe oder 1 großer Weißkohl (800 g), samt Strunk geviertelt
- Salz und frisch gemahlener schwarzer Pfeffer
- 2 rote Zwiebeln (220 g), geschält und in feine Streifen geschnitten
- 8 große Knoblauchzehen, geschält
- 4 EL Apfelessig
- 300 ml Gemüsebrühe
- 4 Stängel Oregano oder Za'atar
- ½ Rezeptmenge Tahini-Sauce (s. S. 32)
- 2 EL gehackte Petersilie
- ½ TL Aleppo-Chiliflocken (Pul Biber oder andere milde Chiliflocken)

In einer großen Pfanne 2 EL Olivenöl erhitzen und die Kohlspalten bei mittlerer bis starker Hitze von allen Seiten 3 Minuten goldgelb anbraten. Den Kohl mit ½ TL Salz und reichlich schwarzem Pfeffer bestreuen und auf einem Teller beiseitestellen.

In derselben Pfanne das restliche Öl (2 EL) erhitzen. Die Zwiebeln darin unter gelegentlichem Rühren 5 Minuten anschwitzen. Anschließend den Knoblauch und den Essig unterrühren, alles aufkochen. Die Brühe dazugießen, mit ⅓ TL Salz und schwarzem Pfeffer verfeinern. Erneut zum Kochen bringen. Die Kohlspalten wieder einlegen, Oregano oder Za'atar darüber verteilen und zugedeckt bei geringer Hitze 50 Minuten sanft schmoren, bis der Kohl fast zerfällt. Den Backofengrill anheizen.

Die Tahini-Sauce über den Kohl löffeln und diesen unter dem heißen Grill 4–5 Minuten gratinieren, bis das Tahini goldbraun ist – gut aufpassen, dass nichts verbrennt.

Den Spitzkohl mit der gehackten Petersilie und den Chiliflocken bestreuen, alles mit etwas Olivenöl beträufeln und servieren.

KAPITEL 7

Für Gäste & Feste

Palästina rühmt sich eines reichen kulturellen Erbes mit lebendigen Traditionen in Musik, Tanz, Kunst und Küche. Die kulinarischen Schätze zeichnen sich durch Vielfalt und Vielschichtigkeit aus. Sie spiegeln jahrhundertealte arabische Traditionen, die tief in der Levante als geistiges Zentrum und Handelsdrehscheibe verankert sind.

Die enge Beziehung der Menschen zu Land, Landwirtschaft, Jahreszeiten und Elementen ist nicht nur eine Lebenshaltung, sondern Ausdruck einer über Generationen gewachsenen tiefen Verbundenheit. Diese Liebe zur Natur spiegelt sich in Anbaupraktiken, Esskultur und Bräuchen wider.

Von *rummaniyya*, Falafeln und Hummus bis hin zu M'tabbal, Mejadra, Malfouf und *musakhan*, diese veganen Spezialitäten zierten den palästinensischen Esstisch bereits lange bevor die pflanzenbasierte Küche populär wurde.

Manchmal erfordert palästinensische Hausmannskost mehr Zeit und Sorgfalt, etwa langsam gegarte Eintöpfe und Schmorgerichte (*tabeekh* und *yakhani*), gefülltes Gemüse (*mahashi*), Ofengerichte vom Blech (*sawani*) oder Frittiertes (Maqali).

In diesem Kapitel erwartet Sie eine Auswahl dieser Gerichte, einige gehen ganz schnell, andere erfordern etwas Geduld und Planung. Über die Rezepte hinaus ist das eine Reise in unsere Vergangenheit und ein Zeugnis für die reiche Vielfalt, die Authentizität und die Kostbarkeiten der palästinensischen Küche.

Von mit Freekeh gefülltem Gemüse, Linsen-Fatteh und Ouzi-Teigtaschen über Auberginen mit Ful bis zu Maftoul und Couscous-Puffern, einige Genüsse erfordern mehr Organisation und Vorausplanung. Manches lässt sich im Voraus zubereiten und einfrieren, manches auch im Kühlschrank aufbewahren und mehrmals auf den Tisch bringen.

Gefülltes Gemüse wird überall im Nahen Osten gern gegessen, wobei man sagen muss, dass es echte Fleißarbeit ist. Einige Gerichte sind recht zeitaufwendig, doch stehen sie erst einmal auf dem Tisch, sind sie innerhalb von Minuten verputzt. Falls Sie keine Spitzpaprika finden, können Sie zu kleinen gelben und roten Schoten greifen, die fast das ganze Jahr erhältlich sind – ihre süßliche Note ergänzt die rauchige Würze der Füllung perfekt. Auch Sommertomaten bieten sich als Alternative an.

Die gefüllten Paprikaschoten schmecken am nächsten Tag sogar noch besser (in einer Pfanne zugedeckt 20 Minuten bei mittlerer Hitze aufwärmen). Servieren Sie Brot zum Auftunken der leckeren Säfte dazu.

Für 8–10 Personen

Mit Freekeh gefüllte Paprikaschoten

Mahshi Filfil bil Freekeh

100 g grob geschroteter Freekeh (s. S. 307, Glossar)
8–10 mittelgroße Romano-Paprikaschoten (650 g)
450 g passierte Tomaten (Passata)
4 EL Olivenöl, plus mehr zum Beträufeln
3 EL Granatapfelsirup
2 Knoblauchzehen, zerdrückt
1⅓ TL getrocknete Minze
Salz und frisch gemahlener schwarzer Pfeffer
½ kleine Zwiebel (70 g), fein gehackt
15 g Petersilie, fein gehackt, plus mehr zum Garnieren
7 g frische Minze, plus mehr zum Garnieren
30 g Grünkohlblätter, fein gehackt
½ TL Aleppo-Chiliflocken (Pul Biber oder andere milde Chiliflocken)
1⅓ TL gemahlener Kreuzkümmel
1 TL gemahlener Koriander
⅓ TL gemahlener Zimt
⅓ TL gemahlener Piment
1½ EL Zitronensaft

Den Freekeh in einem Sieb unter fließendem kaltem Wasser einige Minuten abbrausen. In einem Topf mit kaltem Wasser bedeckt 15 Minuten einweichen.

Die Paprikaschoten mit einem kleinen Messer längs einschneiden, sodass die Stiele unversehrt bleiben. Die Schoten vorsichtig öffnen, von Samen und Trennwänden befreien, beiseitelegen. Inzwischen die Sauce zubereiten.

In einer mittelgroßen Schüssel 300 g passierte Tomaten mit 300 ml Wasser vermengen. Noch 2 EL Olivenöl, 2 EL Granatapfelsirup, die Hälfte des Knoblauchs und ¾ TL getrocknete Minze unterrühren. Die Sauce mit 1 TL Salz und 1 kräftigen Prise Pfeffer verfeinern. In eine tiefe Ofenform (35 × 25 cm) gießen.

Den Freekeh bei mittlerer Hitze zum Kochen bringen, mehrmals abschäumen, falls nötig, und 15 Minuten bei geringer Hitze bissfest garen. In ein Sieb gießen, kalt abbrausen und in eine große Schüssel füllen. Zwiebel, Kräuter, Grünkohl, Gewürze, Zitronensaft sowie restliches Olivenöl (2 EL), restlichen Knoblauch, Granatapfelsirup (1 EL) und passierte Tomaten (150 g) hinzufügen. Alles mit 1⅓ TL Salz und schwarzem Pfeffer sorgfältig vermengen.

Den Backofen auf 200 °C Umluft vorheizen.

Die Paprikaschoten mit der Freekeh-Mischung füllen (je 2 gehäufte EL) und mit der offenen Seite nach oben nebeneinander mit in die Form legen. Mit Alufolie zugedeckt im Ofen 45 Minuten backen.

Die Ofentemperatur auf 220 °C Umluft erhöhen, die Folie entfernen. Die Schoten weitere 30 Minuten weich schmoren. Aus dem Ofen nehmen, vor dem Servieren 20 Minuten abkühlen lassen. Mit Olivenöl beträufeln, mit Petersilie und Minze bestreut servieren.

Tomaten-Kubbeh, auch als Abu Amneh oder *kamounet bandoura* bekannt, ist ein verborgenes kulinarisches Juwel. Obwohl weit weniger bekannt als das klassische Kubbeh, sind Spielarten auch in Teilen des Libanon, Syriens und den nördlichen Regionen der Golanhöhen verbreitet. Dies ist eine vegetarische Variante des klassischen Kubbeh mit einer Mischung aus Bulgur, Tomaten, Minze und Kubbeh-Gewürz.

Abu Amneh schmeckt besonders gut im Sommer, wenn Tomaten in Höchstform und extrafrisch sind. Ein leichtes, erfrischendes Essen und die perfekte Wahl für heiße Tage.

Für 4 Personen

Tomaten-Kubbeh-Neyeh

Abu Amneh

185 g feiner Bulgur
½ kleine Zwiebel (60 g), fein gehackt
1 EL Rote Paprikapaste (s. S. 29)
15 g frische Minze
½ TL getrockneter Oregano
2½ TL Baharat (s. S. 39)
1 TL Aleppo-Chiliflocken (Pul Biber oder andere milde Chiliflocken)
6 große, sehr reife Tomaten, 4 geviertelt, 2 klein gewürfelt
1 EL Tomatenmark
Salz
Olivenöl zum Beträufeln

Zum Servieren
knackige Salat- oder Weißkohlblätter
frische Minze
dünn geschnittene Radieschen
gehackte Zwiebeln

Rohen Bulgur, Zwiebel, Paprikapaste sowie Kräuter und Gewürze im Mixer 2–3 Minuten zu einer feinen, homogenen Paste zermahlen. Geviertelte Tomaten, Tomatenmark und 1½ TL Salz untermischen. Die Tomatenviertel hinzufügen und auch fein zerhacken, jedoch nicht zu lange mixen, sonst wird die Masse wässrig. Abschließend die Tomatenwürfel nur noch unterziehen.

Die Kubbeh-Masse in einer flachen Schale ausbreiten und zugedeckt mindestens 30 Minuten kühl stellen, damit der Bulgur den Tomatensaft aufsaugt und weicher wird.

Das Kubbeh mit Mulden versehen auf einer Platte anrichten und großzügig mit Olivenöl beträufeln.

Das Tomaten-Kubbeh servieren und am Tisch dazu eine Auswahl an knackigen Salat- oder Weißkohlblättern (sie werden wie Wraps gefüllt, s. S. 200), frische Minze, Radieschen und Zwiebelwürfel reichen, sodass sich jeder selbst bedienen kann.

Makali steht für »gebratenes oder frittiertes Gemüse«, meist handelt es sich um Blumenkohl, Auberginen und Kartoffeln, manchmal sind es auch Tomaten und Zucchini. Ein Gericht, das nur wenige sowie einfache Zutaten erfordert, doch mit Tahini-Sauce in einer warmen Pita verstaut, wird daraus im Handumdrehen eine vollwertige Mahlzeit.

Hier gare ich das Gemüse im Ofen fertig, man kann es auch braten oder ganz auf dem Grill zubereiten. Am besten schmecken die Sandwiches warm aus dem Ofen. Wenn Sie sie jedoch vorbereiten möchten, sollten Sie den Halloumi erst kurz vor dem Servieren grillen, frisch aus der Pfanne oder vom Rost schmeckt er am besten.

Für 4 Personen

Sandwiches mit gegrilltem Gemüse

Makali

- 1 kleiner Blumenkohl (350 g), in ca. 4 cm große Röschen zerteilt
- 1 kleine Aubergine (250 g), quer in 15 mm dünne Scheiben geschnitten
- 70 ml Olivenöl
- 1 rote Zwiebel (150 g), in 1 cm dicke Ringe geschnitten
- Salz und frisch gemahlener schwarzer Pfeffer
- 1 mittelgroße Zucchini (190 g), schräg in 1 cm dicke Scheiben geschnitten
- 2 Knoblauchzehen, zerdrückt
- 1 Zitrone (1 EL Zitronensaft)
- 10 g Petersilie, grob gehackt
- 5 g frische Minze, in feine Streifen geschnitten
- 4 Pita-Brote
- 250 g Halloumi, in 1 cm dicke, rechteckige Scheiben geschnitten (5 × 7 cm)
- ½ TL Aleppo-Chiliflocken (Pul Biber oder andere milde Chiliflocken)

Zum Servieren

- Tahini-Sauce (s. S. 32)
- 1 Zitrone, in Spalten geschnitten

Den Backofen auf 220 °C Umluft vorheizen. Ein Backblech mit Backpapier auslegen.

Die Blumenkohlröschen auf dem Blech verteilen, dieses erst einmal beiseitestellen.

Eine Grillpfanne stark erhitzen und inzwischen die Auberginenscheiben mit 2 EL Olivenöl einpinseln. Dann etwa 4 Minuten in der Pfanne grillen und nach der Hälfte der Zeit wenden, sodass beide Seiten das typische Grillmuster zeigen. Die gegrillten Auberginen zum Blumenkohl auf das Blech legen. Die Zwiebel ebenso grillen.

Das Gemüse mit 1 EL Olivenöl beträufeln, mit ⅓ TL Salz bestreuen und im Ofen 20–25 Minuten rösten, bis es goldbraun und zart ist.

Inzwischen die Zucchinischeiben wie beschrieben in der Grillpfanne 4 Minuten von beiden Seiten grillen. Auf einen Teller legen, leicht salzen und beiseitestellen.

Den Knoblauch und den Zitronensaft in einer mittelgroßen Schüssel mit Kräutern, restlichem Olivenöl (2 EL) sowie ½ TL Salz und 1 kräftigen Prise schwarzem Pfeffer vermengen. Dieses Dressing gut verrühren und beiseitestellen.

Unmittelbar vor dem Servieren die Pita-Brote im nicht zu heißen Ofen oder im Toaster kurz aufbacken. Die Grillpfanne erneut kräftig erhitzen. Die Halloumi-Scheiben trocken tupfen, in die Pfanne legen und von jeder Seite 1 Minute kräftig bräunen.

Die gegrillten Halloumi-Scheiben und das Gemüse auf einer großen Platte anrichten, mit dem Knoblauchdressing überziehen und mit den Chiliflocken bestreuen.

Die Pita-Brote, die Tahini-Sauce und die Zitronenspalten am Tisch dazu reichen, so kann jeder sein Sandwich selbst zusammenstellen.

Der Begriff Fatteh umfasst eine ganze Reihe von Gerichten, die im gesamten Nahen Osten verbreitet sind. Gerichte wie *Fatteh bil Hummus* und Fatteh Makdous (Fatteh mit gerösteten Auberginen, s. S. 228) sind für ihre raffinierte Verwertung von altbackenem Brot bekannt, aus dem neue, schmackhafte Kreationen entstehen.

Eine in Palästina besonders beliebte Version ist Fattet Adas, ein einfaches Gericht aus ebenso simplen und erschwinglichen Zutaten wie Linsen, Brot und ein paar alten Bekannten aus der Vorratskammer (*mooneh*). Es ist wärmender, herzhafter und wohltuender Genuss, egal zu welcher Mahlzeit. Ich esse es am liebsten am Folgetag zum Frühstück, wenn es über Nacht gut durchgezogen ist.

Als Topping kommen auch Sumach-Zwiebeln (s. S. 33), schwarze Oliven, Kapern, 1 Prise Sumach oder zerkrümelter Schafskäse infrage. Die Pistazienkerne können Sie nach Belieben durch andere Nusskerne oder Samen ersetzen.

Für 4 Personen
als leichtes Mittag- oder Abendessen

Linsen-Fatteh

Fattet Adas

180 g gespaltene rote Linsen, abgebraust und abgetropft
1 kleine Zwiebel, fein gehackt
1½ TL gemahlener Kreuzkümmel
½ TL gemahlene Kurkuma
⅓ TL gemahlener Piment
⅓ TL gemahlener Zimt
Salz und frisch gemahlener schwarzer Pfeffer
2 EL Olivenöl, plus mehr zum Beträufeln
Grüne Chili-Zitronen-Salsa (s. S. 28)
2 Naan-Brote (250 g), in 2 cm große Stücke geschnitten

Garnitur
40 g Pistazienkerne
2 EL grob gehackte Petersilie

Die Linsen und 1 l Wasser in einem mittelgroßen Topf zum Kochen bringen, dabei abschäumen. Zwiebel, Gewürze und 1 kräftige Prise schwarzen Pfeffer hinzufügen. Bei geringer Hitze 30 Minuten köcheln lassen, bis die Linsen fast zerfallen sind. Das Salz (2 TL) am Ende der Garzeit untermischen, so zerfallen die Linsen schneller.

Den Topf vom Herd nehmen, das Olivenöl einrühren und die Linsen mit einem Stabmixer einige Minuten pürieren, bis die Mischung fast glatt ist. Beiseitestellen.

Während die Linsen garen, die Grüne Chili-Zitronen-Salsa zubereiten und beiseitestellen.

Den Backofen auf 170 °C Umluft vorheizen und ein Backblech mit Backpapier auslegen.

Für die Garnitur die Pistazienkerne auf dem Blech verteilen und im Ofen etwa 7 Minuten rösten. Abkühlen lassen und anschließend grob zerstoßen.

Die Brotstücke unter das noch heiße Linsenpüree ziehen, einige Löffel der Chili-Zitronen-Sauce dazugeben und sorgfältig umrühren, bis das Brot vollständig bedeckt ist. Den Topf zudecken und die Mischung 1 Stunde durchziehen lassen.

Das Linsen-Fatteh in einer großen Schüssel anrichten und mit dem größten Teil der verbliebenen Chili-Zitronen-Sauce beträufeln. Mit Pistazienstücken und Petersilie garnieren, mit 1 kräftigen Schuss Olivenöl abrunden. Die restliche Chili-Zitronen-Sauce dazu reichen, wenn man es besonders scharf mag.

Maftoul, oft als palästinensischer Couscous bezeichnet, ist ein uraltes und palästinensisches Produkt aus fein geschrotetem Weizen. Er wird mit Mehl, Wasser und Öl überzogen und von Hand zu Perlen gerollt. Das arbeitsintensive Verfahren verleiht dem Maftoul seine typische Konsistenz und seinen charakteristischen Geschmack. Die Perlen werden gewöhnlich in der Sonne getrocknet, um ihnen Wasser zu entziehen, bevor sie eingelagert und später gekocht werden.

Maftoul lässt sich auf verschiedene Weise zubereiten: dämpfen, kochen oder in Brühe gar ziehen lassen. Es dient oft als Basis für herzhafte Eintöpfe, Suppen oder Pilaws und wird gern zu besonderen Anlässen und Feiern serviert, zumal Maftoul in der palästinensischen Kultur ein Symbol für Gastfreundschaft und das Miteinander ist.

Maftoul wird nicht nur seines köstlichen Geschmacks wegen, sondern auch aufgrund seiner kulturellen Bedeutung geschätzt; es steht für Tradition, Handwerk und die Kochkunst.

Falls Okraschoten nicht Ihr Ding sind, können Sie Gemüse wie grünen Spargel, grüne Bohnen oder Brokkoli verwenden.

Für 4 Personen

Maftoul mit Tomaten, Okras & Joghurt

Maftoul bil Banadoura ma' Bamia

- 90 ml Olivenöl
- 1 große Zwiebel (180 g), geschält und in feine Streifen geschnitten
- 5 Knoblauchzehen, geschält und zerstoßen
- ¾ TL gemahlener Piment
- 1 TL Kreuzkümmelsamen
- ½ TL gemahlener Zimt
- 400 g Kirschtomaten
- 1 EL Tomatenmark
- Salz und frisch gemahlener schwarzer Pfeffer
- 250 g Maftoul (s.S. 308, Glossar)
- 500 g Okraschoten (frisch oder TK)

Zum Servieren

- griechischer Joghurt (10 % Fettgehalt)
- 5 g frische Minze
- 1 EL Sumach

In einer großen Pfanne 4 EL Olivenöl erhitzen und die Zwiebel bei mittlerer Hitze 7 Minuten anbraten, bis sie karamellisiert und weich ist. Ab und zu umrühren.

Knoblauch, Piment, Kreuzkümmelsamen und Zimt unter ständigem Rühren 1 Minute mitrösten, bis die Mischung aromatisch duftet und zu bräunen beginnt. Die Kirschtomaten hinzufügen und mit einem Kartoffelstampfer sanft zerdrücken. Das Tomatenmark unterrühren und 400 ml Wasser zugießen. Mit 1 TL Salz und 1 kräftigen Prise schwarzem Pfeffer abschmecken, zum Kochen bringen und zugedeckt bei niedriger bis mittlerer Hitze 10 Minuten garen.

Das Maftoul unterrühren, bis es vollständig von Sauce bedeckt ist. Rasch wieder zum Kochen bringen, bei geringer Hitze zugedeckt weitere 5 Minuten garen. Vom Herd nehmen und 15 Minuten quellen lassen, bis das Maftoul sämtliche Flüssigkeit aufgenommen hat.

Inzwischen den Backofen auf 220 °C Umluft vorheizen und ein großes Blech mit Backpapier auslegen. Die Okraschoten in einer großen Schüssel in 2 EL Olivenöl wenden. Mit ½ TL Salz und 1 kräftigen Prise schwarzem Pfeffer vermischen. Auf dem Blech verteilen und im Ofen 15 Minuten rösten, bis die Okras leicht gebräunt und weich sind. Nach der Hälfte der Zeit einmal durchwenden.

Das Maftoul auf vier Teller verteilen, daneben die gerösteten Okraschoten anrichten und mit je 1 El Joghurt garnieren. Mit frischer Minze und 1 Prise Sumach bestreut servieren.

Es gibt zig Varianten von Kubbeh. Es ist eines der bekanntesten Gerichte aus dem Nahen Osten und für die Vielfalt seiner Füllungen und Ummantelungen berühmt.

Kubbeh wird traditionell in Form von Klößen zubereitet oder auf einem Blech im Ofen gebacken. Für die Masse wird Lamm- oder Rinderhack mit feinem Bulgur und Gewürzen vermischt. Dazu gibt es vegane Kubbeh-Varianten mit Gemüse wie Kartoffeln, Tomaten, Kürbis oder, wie bei diesem Rezept, aus Süßkartoffeln. Die Füllung bei diesen herrlichen Kubbeh besteht aus Zwiebeln und Sumach, sie schmeckt süßsäuerlich.

Ergibt 24 Stück;
für 12 Personen als Snack
oder für 8 als Hauptgericht

Süßkartoffel-Kubbeh mit Chilisalsa

Kubbet Batata Helweh

Hülle

3–4 Süßkartoffeln (700 g)
250 g grober Bulgur
1 Zwiebel (150 g), fein gehackt
1½ TL Aleppo-Chiliflocken (Pul Biber oder andere milde Chiliflocken)
1 EL gemahlener Kreuzkümmel
2 TL gemahlener Koriander
2 Knoblauchzehen, zerdrückt
½ TL getrockneter Oregano
20 g Petersilie, fein gehackt
10 g Dillspitzen, fein gehackt
3 EL Olivenöl
2 EL Speisestärke
Salz und frisch gemahlener schwarzer Pfeffer
ca. 500 ml Sonnenblumenöl zum Frittieren

Füllung

2½ EL Olivenöl
3 Zwiebeln (450 g), halbiert und in feine Streifen geschnitten
40 g Sumach
3 EL Zitronensaft

Zunächst für die Hülle der Kubbeh den Backofen auf 200 °C Umluft vorheizen. Die Süßkartoffeln einzeln in Alufolie wickeln, auf ein Blech legen und im Ofen 50–60 Minuten backen, bis sie ganz weich sind. Vollständig abkühlen lassen, das Fruchtfleisch herauslösen und dieses in einer großen Schüssel zerdrücken.

Inzwischen den Bulgur in einer Schüssel mit 400 ml kochendem Wasser übergießen und 15 Minuten quellen lassen. In einem Sieb gut abtropfen lassen. Anschließend in ein sauberes Küchentuch einschlagen und möglichst viel Flüssigkeit herauspressen.

Den fest ausgedrückten Bulgur zu den Süßkartoffeln in die Schüssel mischen. Zwiebel, Gewürze, Knoblauch, Kräuter, Olivenöl, Speisestärke und 1¾ TL Salz hinzufügen. Alles von Hand gleichmäßig und geduldig vermengen, dabei zwischen den Händen zerdrücken. Beiseitestellen.

Für die Füllung das Olivenöl in einer großen Pfanne erhitzen und die Zwiebeln darin 15–18 Minuten rösten, bis sie weich sind und zu karamellisieren beginnen. Regelmäßig umrühren. Die Pfanne vom Herd nehmen, den Sumach und den Zitronensaft hinzufügen. Alles mit ¾ TL Salz und 1 kräftigen Prise schwarzem Pfeffer verfeinern und sorgfältig vermengen. Vollständig abkühlen lassen.

Zum Formen der Kubbeh die vorbereitete Masse für die Ummantelung zu 24 gleich großen Bällchen (à etwa 60 g) rollen. Eine kleine Schüssel mit Wasser bereitstellen, für den Fall, dass die Masse zu sehr an den Händen klebt.

Chilisalsa

40 g Petersilie, einschließlich der Stängel, grob gehackt
40 g Koriandergrün, einschließlich der Stängel, grob gehackt
1 kleine grüne Chilischote, die Hälfte der Samen entfernt, grob gehackt
110 ml Olivenöl
2 EL Zitronensaft
½ TL Zucker
1 TL Salz

Ein erstes Bällchen auf die Handfläche platzieren und mit dem Zeigefinger der anderen Hand in der Mitte eine tiefe Mulde drücken. Etwa 1 EL der Füllung in die Mulde setzen und sanft festdrücken. Das gefüllte Kubbeh-Bällchen verschließen und die Naht glätten, sodass die Füllung vollständig eingeschlossen ist.

Das Kubbeh zwischen den Handflächen sanft flach drücken und zu einem runden Fladen (à etwa Ø 8 cm) formen. Dabei achtgeben, dass keine Risse in der Ummantelung entstehen. Auf ein mit Backpapier bedecktes Blech legen. In dieser Weise alle Bällchen zu Kubbeh verarbeiten. Bis zum Frittieren beiseitestellen.

Sämtliche Zutaten für die Chilisalsa im Mixer mit 4 EL Wasser zu einer homogenen Paste zermahlen. Die Salsa in einer kleinen Schale zugedeckt kalt stellen, falls die Kubbeh erst später frittiert werden.

Zum Frittieren das Sonnenblumenöl in einer tiefen Pfanne (Ø 28 cm) bei niedriger bis mittlerer Temperatur erhitzen. Sobald es heiß ist (180 °C, falls Sie ein Fettthermometer haben), die Kubbeh in Portionen von vier bis fünf Stück darin von jeder Seite 2–2½ Minuten goldbraun und knusprig backen. Gut aufpassen, aufgrund des hohen Zuckergehalts der Süßkartoffeln bräunen sie recht schnell. Die Kubbeh mit einer Schaumkelle herausnehmen und auf einem Teller mit Küchenpapier entfetten. Anschließend auf ein Blech legen und im 150 °C heißen Ofen warm halten, während Sie die nächste Portion frittieren.

Die Kubbeh auf einer Platte anrichten und warm mit der Chilisalsa zum Dippen servieren.

Sie können die Kubbeh am Tag zuvor vorbereiten und bis zum Frittieren im Kühlschrank aufbewahren. Sie lassen sich auch gut einfrieren und im gefrorenen Zustand frittieren. Zum Einfrieren die Kubbeh auf ein Blech legen und, sobald sie gefroren sind, in Gefrierbeutel verpacken. Tiefgefroren halten sie sich bis zu 2 Monate.

Kubbet Hileh bedeutet auf Arabisch »gefälschte Kubbeh«, weil es aussieht und schmeckt, als sei Fleisch im Spiel, dabei ist es vegan. Es ist ein schlichtes Gericht, aber genau das macht es so attraktiv. Man genießt es in ganz Palästina, dem Libanon und in Syrien vor allem in der Fastenzeit. Ich finde, es schmeckt viel zu gut, um es nicht auch den Rest des Jahres zu servieren.

Das Originelle an Gerichten wie diesem: Sie nehmen von Region zu Region eine etwas andere Form an. Manchmal kommt es als Suppe daher, andernorts wiederum serviert man die Kubbeh mit Röstzwiebeln und Sumach. Jede Version ist auf ihre Weise einzigartig köstlich.

Für 4 Personen

Bulgur-Kubbeh

Kubbet Hileh

Kubbeh
200 g feiner Bulgur
2 EL Olivenöl, plus mehr
Salz
1½ TL Rote Paprikapaste (s. S. 29)
1½ TL gemahlener Kreuzkümmel
1 TL Aleppo-Chiliflocken (Pul Biber oder andere milde Chiliflocken)
65 g Mehl
1 Knoblauchzehe, zerdrückt

Sauce
1 große Zwiebel (250 g), fein gehackt
4 EL Olivenöl
1 EL Rote Paprikapaste (s. S. 29)
2 EL Zitronensaft
1 TL gemahlener Kreuzkümmel
65 g Granatapfelsirup
1 EL Honig

Zum Servieren
10 g Petersilie
5 g frische Minze
1 rote Chilischote, in feine Ringe geschnitten
35 g Walnusskerne (nach Belieben)
Tahini-Sauce (s. S. 32)

Den Bulgur in einer Schüssel mit Olivenöl, Gewürzen, 1¼ TL Salz und Paprikapaste vermengen. Mit 350 ml kochendem Wasser übergießen, dann zugedeckt 20–30 Minuten quellen lassen. Mit dem Mehl und dem Knoblauch mit den Händen zu einer klebrigen Masse vermengen.

Eine kleine Schale mit Öl bereitstellen (damit die Masse nicht an den Händen klebt). Aus der Bulgurmasse 32 Bällchen (à etwa 15 g) formen. Die Bällchen zwischen den Handflächen rollen, auf einen Teller oder ein Blech legen und zugedeckt für 20 Minuten beiseitestellen.

Für die Sauce die Zwiebel in einer Pfanne im Olivenöl 7 Minuten anbraten und mit 1 TL Salz verfeinern. Die restlichen Zutaten sowie 80 ml Wasser unterrühren. Alles gemeinsam weitere 3 Minuten unter gelegentlichem Rühren garen.

In einem großen Topf gesalzenes Wasser zum Kochen bringen. Die Kubbeh vorsichtig hineingleiten lassen, behutsam umrühren, damit sie nicht aneinanderkleben, und bei mittlerer Hitze 10 Minuten garen. Die Kubbeh in ein Sieb gießen, abtropfen lassen und unter die Sauce rühren, sodass sie rundherum davon bedeckt sind.

Die Bulgur-Kubbeh mit Kräutern, Chiliringen und Walnusskernen (falls verwendet) bestreuen. Mit der Tahini-Sauce in der Pfanne servieren.

Für 6 Personen

Ich habe eine große Schwäche für alles, was irgendwie mit Teig ummantelt ist, und als echter Araber bin ich geradezu verrückt nach Brot und herzhaften Pasteten. Dieses Gericht ist ein echter Hingucker und wird sicherlich auch Ihre Gäste beeindrucken. Servieren Sie es zum Brunch oder als leichtes Mittagessen mit verschiedenen appetitlichen Salaten.

Falls grüner Spargel gerade keine Saison hat, lässt er sich durch Brokkolini ersetzen.

Spargel-Lauch-Galette mit Haselnusskernen

Fattiret Halyoun

Teig

240 g Mehl (Type 405), plus mehr zum Verarbeiten
Salz und frisch gemahlener schwarzer Pfeffer
130 g kalte Butter, gewürfelt (Kantenlänge 1 cm)
90 g griechischer Joghurt (10 % Fettgehalt)
2 TL Apfelessig
1½ EL Eiswasser

Füllung

4 EL Olivenöl
2 Lauchstangen (200 g), nur der weiße und hellgrüne Teil, geputzt und in 1 cm dicke Scheiben geschnitten
180 g weicher Ziegenkäse
80 g Cheddar, gerieben
2 Knoblauchzehen, zerdrückt
1½ TL Bio-Zitronenabrieb
1½ TL frische Za'atar- oder Oreganoblätter, fein gehackt
250 g grüner Spargel, holzige Enden gekappt
2 EL Za'atar-Gewürz
1 Eigelb, mit 1 EL Wasser verschlagen
25 g Haselnusskerne, leicht geröstet und grob gehackt

Für den Teig das Mehl mit ¾ TL Salz und 1 Prise schwarzem Pfeffer im Standmixer per Impulsfunktion vermischen. Die Butterwürfel 2–3 Minuten einarbeiten, bis die Mischung an feuchten Sand erinnert und die Butterstücke krümelig sind.

Joghurt, Essig und Eiswasser hinzufügen. Alles per Impulstaste nur eben vermengen, bis sich die Zutaten zu einem Teig verbunden haben. Den Teig zu einer Kugel formen, diese in Frischhaltefolie wickeln und mindestens 1 Stunde oder bis zu 2 Tage kalt stellen.

Für die Füllung in einer mittelgroßen Pfanne 1 EL Olivenöl erhitzen und den Lauch darin bei mittlerer Hitze 5 Minuten anschwitzen, bis er weich ist. Er darf allmählich Farbe nehmen. Mit ⅓ TL Salz und 1 Prise schwarzem Pfeffer bestreuen.

In einer Schüssel den Ziegenkäse mit 30 g Cheddar, Knoblauch, Zitronenabrieb, Za'atar- oder Oreganoblättern und ⅓ TL Salz zu einer streichfähigen Masse vermengen. Gekühlt beiseitestellen.

Den Spargel in 1 EL Olivenöl wenden. Mit ½ EL Za'atar-Gewürz, ⅓ TL Salz und 1 kräftigen Prise schwarzem Pfeffer verfeinern.

Das restliche Olivenöl (2 EL) und das restliche Za'atar (1½ TL) in einer kleinen Schale verrühren.

Einen Bogen Backpapier (etwa 50 × 50 cm) großzügig mit Mehl bestreuen und den Teig darauf zu einem groben Kreis ausrollen. Er sollte einen Durchmesser von etwa 40 cm haben, der Rand wird etwas ungleichmäßig sein. Den Teigboden samt Papier auf ein Backblech legen und im Kühlschrank 30 Minuten ruhen lassen.

Den Teigboden aus dem Kühlschrank nehmen und mit der Ziegenkäsecreme bestreichen; rundherum einen 3 cm breiten Rand frei lassen. Den Boden mit dem restlichen Cheddar (50 g) bestreuen und den Lauch gleichmäßig darauf verteilen (die Mitte nicht zu dicht belegen, sonst backt der Teig nicht durch).

Die Spargelstangen nebeneinander leicht überlappend auf der Galette arrangieren, sodass Käse und Lauch davon bedeckt sind. Den Teig rundherum hochschlagen und als Rand nach innen falten. Die Galette vor dem Backen noch einmal 20 Minuten oder bis zu 6 Stunden kalt stellen.

Den Backofen auf 200 °C Umluft vorheizen.

Den Teigrand mit der Eistreiche aus Eigelb und Wasser einpinseln. Die Galette im heißen Ofen 35 Minuten backen, bis der Rand goldbraun und der Boden durchgebacken ist. Aus dem Ofen nehmen und 5 Minuten ruhen lassen. Die Galette kurz vor dem Servieren mit dem Za'atar-Öl beträufeln und mit den gerösteten Haselnüssen bestreut servieren.

Bei diesem Gericht hat der Couscous mit Tomaten und Zwiebeln meiner Mutter Pate gestanden. Das Rezept ist nicht nur ein Paradebeispiel für einfache, schnelle Küche, es ist auch eine clevere Methode, Reste von Couscous wiederzubeleben. Ein einfacher Zutatenmix verwandelt sie in goldbraun und knusprig gebratene Puffer. Ein fabelhaftes Seelenfutter, serviert mit spritzigem Zitronenjoghurt.

Für eine vegane Version ersetzen Sie das Ei einfach durch 1–2 weitere EL Speisestärke, allerdings fallen die Puffer dann etwas fragiler und bröseliger aus.

Für 4 Personen

Couscous-Puffer mit Zitronenjoghurt

Aqras Kosukson

2 EL Olivenöl
1 mittelgroße Zwiebel (160 g), fein gehackt
1 EL Tomatenmark
1 EL Rote Paprikapaste (s. S. 29)
1 rote Paprikaschote (200 g), fein gewürfelt
4 sehr reife Tomaten (350 g), fein gewürfelt (Kantenlänge 5 mm)
3 mittelgroße Karotten (185 g), geschält und grob gerieben
150 g Couscous
220 ml kochende Gemüsebrühe
1 Ei
4 EL Speisestärke
1 EL Bio-Zitronenabrieb
4 EL Sonnenblumenöl zum Braten

Zitronenjoghurt
150 g griechischer Joghurt (10 % Fettgehalt)
1 EL fein gehackte eingelegte Zitrone
1 EL fein gehackte Kapern
1 EL fein gehackter Dill
1 TL in feine Streifen geschnittene Minze
Salz und frisch gemahlener schwarzer Pfeffer

Für den Zitronenjoghurt sämtliche Zutaten in einer mittelgroßen Schüssel mit ¾ TL Salz und 1 kräftigen Prise schwarzem Pfeffer abschmecken, gründlich verrühren. Bis zum Servieren zugedeckt in den Kühlschrank stellen.

In einer Pfanne (Ø 30 cm) das Olivenöl bei mittlerer Temperatur erhitzen und die Zwiebel darin 5 Minuten anschwitzen, bis sie weich, jedoch nicht gebräunt ist. Regelmäßig umrühren. Das Tomatenmark und die Paprikapaste untermischen, unter Rühren 1 Minute anrösten. Die Paprikawürfel und die Tomaten unterrühren, 1 TL Salz und schwarzen Pfeffer hinzufügen und alles weitere 3 Minuten angehen lassen. Mit den geriebenen Karotten noch 3 Minuten garen.

Den Couscous sorgfältig unter den Pfanneninhalt rühren. Die heiße Brühe angießen, umrühren und zugedeckt bei geringer Hitze 10–12 Minuten garen, bis der Couscous sämtliche Flüssigkeit aufgenommen hat und aufgequollen ist. (Bei Verwendung von gegarten Resten den Couscous kürzer mitgaren.)

Die Pfanne vom Herd nehmen und den Inhalt abkühlen lassen. Sorgfältig Ei, Speisestärke und Zitronenabrieb untermengen. Aus der Masse 12–13 Puffer (à etwa 60 g) von 3 cm Dicke und einem Durchmesser von 6 cm formen.

Den Backofen auf 180 °C Umluft vorheizen und ein Backblech mit Backpapier auslegen. Das Sonnenblumenöl in einer großen beschichteten Pfanne bei mittlerer bis hoher Temperatur erhitzen und die Couscous-Puffer darin von jeder Seite 3 Minuten goldbraun braten. Auf das vorbereitete Blech legen und im Ofen 5 Minuten fertigbacken.

Die Couscous-Puffer warm mit dem Zitronenjoghurt und einem Salat servieren.

Diese palästinensische Festtagsspeise stammt angeblich aus Damaskus in Syrien.

Es ist ein prächtiges Reisgericht von ausgewogener Würze, die wunderbar mit den fleischigen Champignons, der süßlichen Note von Gemüse und Sultaninen und dem knusprigen Crunch der gerösteten Samen und Nusskerne harmoniert.

Das wichtigste und schönste Element von Ouzi ist der Reis, der mit gewürfelten Karotten, Erbsen und Gewürzen zubereitet wird. Servieren Sie dazu einen Würfelsalat für jeden Anlass (s. S. 80) oder einen Tahini-Tomaten-Dip mit Minze (s. S. 92).

Ouzi-Filo-Teigtaschen

Ouzi

120 g ägyptischer Reis oder Rundkornreis
Salz
160 g Orzo oder Kritharaki (reisförmige Nudeln)
75 ml Olivenöl
1 mittelgroße Zwiebel (175 g), fein gehackt
250 g braune Champignons, geviertelt
1¾ TL gemahlener Piment
¾ TL gemahlener Zimt
½ TL gemahlener Kardamom
1 gute Prise gemahlener schwarzer Pfeffer
½ TL gemahlene Kurkuma
6 große Knoblauchzehen, in dünne Scheiben geschnitten
350 g Karotten, 100 g grob gerieben, der Rest fein gewürfelt (Kantenlänge 5 mm)
700 ml Gemüsebrühe
150 g Erbsen (TK), aufgetaut
100 g Sultaninen oder Rosinen
100 g Geröstete Nusskerne & Samen (s. S. 35)
85 g Butter, zerlassen
15 Filo-Teigblätter (30 × 38 cm)

Garnitur
5 g Petersilie, zerzupft
1 EL Olivenöl
Sumach zum Bestreuen

Den Reis in einem Sieb abbrausen und in einer Schüssel mit reichlich kaltem Wasser bedecken. Noch ½ TL Salz untermischen und den Reis einweichen lassen.

Einen großen Topf erhitzen. Die Nudeln darin bei mittlerer Hitze 5 Minuten mit 1 Schuss Olivenöl goldgelb anrösten. Ab und zu umrühren. Herausnehmen und beiseitestellen.

In demselben Topf 3 EL Olivenöl erhitzen und die Zwiebel darin bei niedriger bis mittlerer Hitze 5 Minuten anschwitzen. Die Hitze auf mittlere Stufe erhöhen, die Champignons 5 Minuten mitbraten, bis sie weich sind. Sorgfältig die Gewürze und ⅓ TL Salz unterrühren. Die Mischung in einer Schüssel beiseitestellen.

Das restliche Olivenöl (etwa 25 ml) im Topf erhitzen, darin den Knoblauch 1 Minute anschwitzen. Die geriebenen und gewürfelten Karotten hinzufügen und die Mischung weitere 2 Minuten anbraten. Den Reis und die Orzo unterrühren, die Brühe und 1⅓ TL Salz hinzufügen und alles zum Kochen bringen. Den Topfdeckel in ein sauberes Küchentuch einschlagen, auflegen und alles bei geringer Hitze 15 Minuten garen; vom Herd nehmen. Die Reis-Gemüse-Mischung auf einem großen Backblech verteilen und 20 Minuten abkühlen lassen. Anschließend Erbsen, Sultaninen und 40 g der Nusskerne und Samen untermengen.

Eine Suppenschale von 5 cm Höhe und einem Durchmesser von 12 cm mit zerlassener Butter einpinseln. Die Filo-Teigblätter übereinander auf die Arbeitsfläche legen und quer halbieren. Eine erste Blatthälfte mit Butter bestreichen und in die Schale einlegen, sodass sie den Boden bedeckt und an beiden Enden etwas überhängt. Nun eine zweite Blatthälfte buttern und leicht versetzt einlegen, sodass die Enden in einem anderen Winkel überhängen. Auf diese Weise insgesamt fünf Filo-Teighälften buttern und leicht versetzt anordnen, bis die Schale vollständig ausgekleidet ist.

Den Backofen auf 180 °C Umluft vorheizen. Etwa 280 g der Reismischung in die ausgekleidete Schale füllen. Den überhängenden Teig darüberfalten und die Nähte zum Versiegeln mit weiterer Butter bestreichen. Das Teigpaket vorsichtig auf ein mit Backpapier ausgelegtes Blech stürzen. Auf diese Weise insgesamt sechs Ouzi-Teigtaschen vorbereiten.

Die Ouzi im Ofen 25 Minuten backen. Die Temperatur auf 200 °C Umluft erhöhen, das Gargut weitere 10 Minuten goldbraun backen. Vor dem Servieren leicht abkühlen lassen.

In einer kleinen Schüssel die restlichen Nusskerne und Samen (60 g) mit Petersilie und Olivenöl verrühren. Die Ouzi mit der Mischung garnieren, mit Sumach bestreuen und servieren.

Für 4 Personen

Fatteh wird in jeder Familie etwas anders zubereitet. Dieses Prunkstück wird in der Tischmitte platziert, sodass jeder zulangen kann. Ein Gericht zum Verlieben und eines, das man immer wieder zubereitet.

Das A und O bei Fattet Makdous ist eine Balance zwischen knusprigem Brot, säuerlicher Tomatensauce und cremigem Tahini-Joghurt. Nichts weniger wünscht man sich von einem solchen Gaumenkitzel.

Sämtliche Bestandteile lassen sich am Vortag vorbereiten, sodass man sie vor dem Servieren nur noch zusammenfügen muss. Für eine vegane Version ersetzen Sie den Joghurt durch eine Tahini-Sauce.

Fatteh mit gerösteten Auberginen

Fattet Makdous

2 Pita-Brote (240 g), in 2–3 cm große Stücke geschnitten
70 ml Olivenöl, plus mehr zum Beträufeln
2 Auberginen (500 g), in 3 cm große Stücke geschnitten
2 TL Sumach
½ TL Paprikapulver edelsüß
Salz und frisch gemahlener schwarzer Pfeffer

Joghurtsauce
400 g griechischer Joghurt (10 % Fettgehalt)
3 EL Tahini (Sesammus)
1 Knoblauchzehe, zerdrückt
1 grüne Chilischote, fein gehackt
2 EL Zitronensaft

Tomatensauce
1 Zwiebel (130 g), fein gehackt
2 EL Olivenöl
450 g passierte Tomaten (Passata)
1 EL Granatapfelsirup

Zum Servieren
35 g blanchierte Mandeln, geröstet
5 g Petersilie, grob gehackt
1 rote Chilischote, fein gehackt
30 g Granatapfelsamen (nach Belieben)

Den Backofen auf 180 °C Umluft vorheizen und ein Backblech mit Backpapier auslegen.

Die Brotstücke in einer Schüssel mit der Hälfte des Olivenöls rundherum benetzen. Auf dem Blech verteilen und im Ofen 17 Minuten goldbraun-knusprig rösten. Herausnehmen und beiseitestellen.

Die Ofentemperatur auf 220 °C Umluft erhöhen. Die Auberginen in einer großen Schüssel mit restlichem Olivenöl (35 ml), Sumach, Paprikapulver sowie ½ TL Salz und 1 kräftigen Prise schwarzem Pfeffer gründlich vermengen. Die Auberginen auf einem mit Backpapier ausgelegten Blech verteilen und im Ofen 25 Minuten rösten, bis sie goldbraun und durchgegart sind.

Inzwischen sämtliche Zutaten für die Joghurtsauce in einer Schüssel sorgfältig verrühren und mit ½ TL Salz abschmecken. Bis zum Servieren in den Kühlschrank stellen.

Für die Tomatensauce die Zwiebel in einem kleinen Topf mit dem Olivenöl bei niedriger bis mittlerer Hitze 10 Minuten goldgelb anschwitzen. Die passierten Tomaten und den Granatapfelsirup hinzufügen, mit ⅓ TL Salz und 1 großzügigen Prise schwarzem Pfeffer abschmecken. Die Mischung sanft zum Kochen bringen, dann bei sehr niedriger Hitze 7 Minuten eindicken lassen.

Zum Servieren die knusprigen Croûtons auf einer Platte mit Rand oder in einer großen flachen Schale verteilen. Zuerst die Joghurtsauce und anschließend die Tomatensauce darüberlöffeln. Die gerösteten Auberginenwürfel darauf anrichten und mit Mandeln, Petersilie, Chilischote und Granatapfelsamen (falls verwendet) garnieren. Mit etwas Olivenöl beträufeln und servieren.

KAPITEL 8

Brot

Brot hat in Palästina eine soziale und auch wirtschaftliche Bedeutung wie für viele anderen Kulturen dieser Welt auch. Uns gilt Brot als Symbol für das leibliche Wohl und Gastfreundschaft. Es mit anderen zu teilen, ist eine Geste der Großzügigkeit, ein Willkommensgruß im Hause jeder palästinensischen Familie.

Keine Mahlzeit ist vollständig ohne das Geschenk von frisch gebackenem Brot. Es komplettiert eine Mahlzeit und dient nebenbei noch als vielseitiges Werkzeug zum Auftunken und Dippen.

Das Brot zu teilen, ist eine Geste der Warmherzigkeit. Sie unterstreicht den gemeinschaftlichen Charakter des Essens und die Bedeutung von Zusammenhalt und Tradition in der palästinensischen Kultur.

Der Nahe Osten rühmt sich einer Vielzahl von Brotsorten: *taboon*, Khubez, Pita, Ka'ak, *manakish*, *markook*, Fatayer und *kemaj*, um nur einige zu nennen.

Eine typisch palästinensische Spezialität sind die *moajanat*, herzhafte oder süße Pasteten, die als Snack oder zum Dessert serviert werden. Es gibt sie in verschiedenen Formen und mit allen möglichen Füllungen, ein Abbild der regionalen und saisonalen Vielfalt. Herzhafte Varianten werden oft mit Käse, Spinat, frischem Za'atar oder Fleisch gefüllt, süße mit Nusskernen, Datteln oder gesüßtem Käse.

Heute kaufen die Leute ihr Khubez, *markook* und Jerusalemer Sesam-Ka'ak meist in der Bäckerei ihres Vertrauens, während *moajanat* eher ein Fall für den heimischen Backofen sind.

Ergibt 8 Stück

Das geschichtsträchtige Ka'ak al Quds – Jerusalemer Sesambrot – ist eine herrliche Mischung aus Tradition und Schlichtheit. Die bezaubernden Nester, gebacken aus einer Handvoll Zutaten aus der Vorratskammer, sind ideal für ein Picknick oder als Begleiter jeder Mahlzeit. Einmal gebacken, lässt sich diese köstliche Leckerei durch eine Vielzahl von Extras ergänzen, wie Za'atar, Labneh oder Frischkäse, oder schlicht mit Butter und Konfitüre genießen. Das Jerusalemer Sesambrot ist von zeitlosem Charme und atmet Bissen für Bissen einen Hauch von Geschichte.

In Jerusalem Ka'ak zu kaufen, ist nicht bloße geschäftliche Transaktion, es ist ein Erlebnis, das die Essenz von Tradition und regionaler Esskultur verkörpert. Zu dem frisch gebackenen Brot gibt es *hamim* – im Ofen gebackene Eier –, ein kleines Tütchen Za'atar und Salz, eine Einladung zu einem kulinarischen Streifzug durch die Straßen Jerusalems. Bei dem Ritual geht es nicht allein darum, den Hunger zu stillen, sondern auch um die Besinnung auf die eigenen kulturellen Wurzeln und das Gefühl von Heimat. Jeder Bissen ist wie eine nostalgische Rückbesinnung auf ein zeitloses Rezept, das einen besonderen Platz im Herzen derer einnimmt, die es lieb gewonnen haben.

Jerusalemer Sesambrotnester

Ka'ak al Quds ma' Beyd

7 g Trockenhefe
1½ EL Zucker
500 g Mehl (Type 405), plus mehr zum Verarbeiten
1½ TL Mahleb (s. S. 308, Glossar)
1 TL leicht zerstoßene Anissamen
Salz
3 EL Sonnenblumenöl, plus mehr zum Einreiben
9 Eier
3 EL weißer Sesam
2 EL schwarzer Sesam

Hefe, Zucker und 300 ml lauwarmes Wasser in einer Schüssel verrühren, 5 Minuten stehen lassen, bis dieses Hefewasser schäumt.

Mehl, Mahleb, Anissamen und 1¾ TL Salz in der Schüssel einer Küchenmaschine mit dem Knethaken grob vermengen. Das Öl und das Hefewasser zugießen und auf mittlerer Stufe 3 Minuten kneten, bis sich die Zutaten zu einem Teig verbunden haben. Den Teig aus der Schüssel nehmen, zu einer Kugel formen und rundherum mit Öl einreiben. Zurück in die Schüssel legen und zugedeckt an einem warmen Ort etwa 1 Stunde gehen lassen, bis der Teig sein Volumen verdoppelt hat.

Danach den Teig auf eine leicht bemehlte Arbeitsfläche legen und in acht Stücke (à etwa 110 g) teilen. Die Teiglinge zu Bällchen formen, diese mit einem Küchentuch zudecken und 10 Minuten bei Raumtemperatur ruhen lassen.

Zwei Backbleche mit Backpapier belegen.

Mit dem Zeigefinger ein Loch durch die Mitte der Teigbällchen bohren und dieses nach und nach erweitern, sodass Ringe entstehen. Die Teigringe mit großzügigem Abstand zueinander auf die vorbereiteten Backbleche platzieren.

In einer kleinen Schale ein Ei verquirlen. Die Teigringe mit dem Ei einpinseln und mit dem weißen und schwarzen Sesam bestreuen. Die restlichen Eier seitlich liegend in die Ringmitten platzieren. Zugedeckt mindestens weitere 20 Minuten ruhen lassen.

Den Backofen auf 200 °C Umluft vorheizen, eine kleine ofenfeste Form unten hineinstellen und 300 ml kochendes Wasser in diese Form gießen. Die Bleche einschieben und die Ofentür rasch schließen.

Die Sesambrotnester im Ofen 22 Minuten backen, bis sie goldbraun sind. Herausnehmen und vor dem Servieren leicht abkühlen lassen.

Die Sesambrotnester mit zwei Schüsseln Olivenöl und Za'atar servieren, das eignet sich gut zum Dippen und Auftunken.

Ergibt 8 Stück

Kubez, auch als *kimaaj* bekannt, ist ein arabisches Fladen- bzw. Pita-Brot und eine feste Größe im Nahen Osten. Es dient als vielseitige Beilage zu den verschiedensten Gerichten oder als Wrap für Sandwiches.

Diese Fladen sind flach, rund und von weicher, leicht zäher Konsistenz. Der Teig wird zu dünnen Fladen ausgerollt und bei starker Hitze gebacken, wodurch er sich aufbläht. Die entstandene Tasche eignet sich ideal zum Füllen mit Gemüse, Pasten und Dips.

Ich habe für dieses Rezept gewöhnliches Haushaltsmehl verwendet, probieren Sie aber ruhig, Weizenvollkornmehl anteilig unterzumischen. Das Ergebnis schmeckt ebenso fantastisch.

Das Brot lässt sich gut aufbewahren und später wieder aufwärmen, sei es in Alufolie gewickelt und im Ofen aufgebacken oder kurz auf dem Grill oder auf der Herdplatte geröstet.

In der Pfanne gebackenes Kurkumabrot

Kubez Kimaaj

1½ TL Trockenhefe
1 EL Zucker
370 g Mehl (Type 405)
⅓ TL gemahlene Kurkuma
2 EL Sonnenblumenöl, plus mehr zum Einreiben
Salz

Hefe, Zucker und 200 ml lauwarmes Wasser in einer kleinen Schüssel verrühren. Dieses Hefewasser 5 Minuten stehen lassen, bis es zu schäumen beginnt.

Mehl, Kurkuma, Öl und 1 TL Salz in der Schüssel einer Küchenmaschine mit dem Knethaken auf kleiner Stufe 1 Minute grob verrühren. Das Hefewasser angießen und alles weitere 2 Minuten auf kleiner Stufe kneten, bis sich die Zutaten zu einem Teig verbunden haben. Anschließend den Teig auf mittlerer Stufe 3 Minuten glatt und geschmeidig kneten.

Den Teig auf einer sauberen Arbeitsfläche zu einer Kugel formen. Die Rührschüssel mit etwas Öl einreiben, den Teig wieder hineinlegen und rundherum darin wenden, bis er gut mit Öl bedeckt ist. Die Schüssel mit einem sauberen Küchentuch zudecken und den Teig an einem warmen Ort etwa 1 Stunde gehen lassen, bis er sein Volumen verdoppelt hat.

Den Teig in acht Stücke (à 70 g) teilen und diese zu runden Fladen (Ø 15 cm) ausrollen. Mit einem feuchten Tuch bedeckt 20 Minuten bei Raumtemperatur ruhen lassen.

Eine große beschichtete Pfanne bei mittlerer bis hoher Temperatur erhitzen. Sobald sie heiß ist, einen ersten Teigfladen einlegen (oder auch zwei, wenn die Pfanne groß genug ist) und von jeder Seite 3 Minuten backen. Immer wieder wenden, damit sich das Brot aufbläht. Die gebackenen Fladen mit Abstand auf ein großes Küchentuch legen, so sämtliche Fladen backen. Die Brote mit einem weiteren Tuch zudecken, so bleiben sie feucht und fluffig.

Die Kurkumabrote warm servieren oder gut verpackt einfrieren.

Bockshornklee (*helbeh*) ist ein vielseitiges Küchenkraut, das in Palästina für verschiedene kulinarische Zwecke Verwendung findet. Seine Samen dienen als aromatisches Gewürz, dessen Geschmack durch Rösten oder Frittieren häufig noch intensiviert wird. Die Blätter werden frisch als würziges Kraut verwendet, das Suppen, Eintöpfe, Brote und Gebäck verfeinert. Bockshornklee wird getrocknet auch als Tee genossen, der aus den Blättern und Samen gebrüht wird und für seine verdauungsfördernde Wirkung geschätzt wird. Er soll auch die Milchbildung während der Stillzeit fördern und das allgemeine Wohlbefinden steigern.

Diese duftenden und köstlich schmeckenden Schnecken werden mit Bockshornkleesamen, Minze und karamellisierten Zwiebeln zubereitet – eine interessante Kombination!

Ergibt 20 Stück

Zwiebelschnecken mit Bockshornklee

Aqras Helbeh

Brötchen
1½ TL Trockenhefe
1½ TL Zucker
370 g Mehl (Type 405), plus mehr zum Verarbeiten
Salz
3 EL Sonnenblumenöl
1 EL Olivenöl für das Blech

Füllung
3 EL Olivenöl
2 große Zwiebeln (370 g), fein gehackt
40 g Bockshornkleesamen, über Nacht in reichlich Wasser eingeweicht
2 TL gemahlener Kreuzkümmel
¾ TL gemahlene Kurkuma
1 EL getrocknete Minze
Salz und frisch gemahlener schwarzer Pfeffer
200 g Feta, zerkrümelt (nach Belieben)

Hefe, Zucker und 200 ml lauwarmes Wasser in einer Schüssel verrühren. Dieses Hefewasser 5 Minuten stehen lassen, bis es zu schäumen beginnt.

Das Mehl und 1 TL Salz in die Schüssel der Küchenmaschine sieben. Mit dem Knethaken das Hefewasser und das Sonnenblumenöl auf kleiner Stufe einige Minuten unterkneten, bis sich die Zutaten zu einem Teig verbunden haben. Diesen bei mittlerer bis hoher Stufe 5–6 Minuten glatt und geschmeidig kneten. Die Schüssel mit einem sauberen Küchentuch zudecken und den Teig an einem warmen Ort 30 Minuten gehen lassen, bis er etwas aufgegangen ist.

Inzwischen für die Füllung das Öl in einer großen Schmorpfanne erhitzen und die Zwiebeln bei mittlerer Hitze 7 Minuten anbraten, bis sie weich sind und ein wenig Farbe genommen haben. Regelmäßig umrühren. Abgetropfte Bockshornkleesamen, Gewürze, getrocknete Minze sowie 1 TL Salz und 1 kräftige Prise schwarzen Pfeffer einrühren. Alles weitere 3 Minuten garen. Vom Herd nehmen und die Mischung vollständig abkühlen lassen.

Ein tiefes Backblech (30 × 50 cm) leicht einölen und mit Backpapier auskleiden.

Den Teig auf der leicht bemehlten Arbeitsfläche mit den flachen Händen etwas ausbreiten und dann 2–3 mm dünn und rechteckig (50 × 40 cm) ausrollen. Nach Bedarf mit etwas Mehl bestäuben, damit der Teig nicht klebt.

Petersilienöl
3 EL Olivenöl
10 g Petersilie, fein gehackt
1 große Knoblauchzehe, zerdrückt

Die Zwiebelmischung und den zerkrümelten Feta (falls verwendet) gleichmäßig bis zum Rand auf dem Teig verteilen. Den Teig von der langen Seite vorsichtig aufrollen – wie eine Biskuitrolle. Dabei sanften Druck ausüben, damit keine Lufteinschlüsse entstehen. Die Enden um etwa 2 cm kürzen und die Rolle in 20 Schnecken von etwa 3 cm Breite schneiden.

Die Schnecken in gleichmäßigen Abständen in das vorbereitete Blech einlegen, sodass die Schnittflächen nach oben zeigen. Mit einem leicht feuchten Küchentuch zudecken und an einem warmen Ort noch einmal 1 Stunde gehen lassen.

Etwa 15 Minuten vor dem Backen den Backofen auf 200 °C Umluft vorheizen. Die Zwiebelschnecken darin 30 Minuten backen, bis sie goldbraun sind. Anschließend locker mit Alufolie zudecken und weitere 10 Minuten backen, bis sie durchgegart sind.

Die Schnecken aus dem Ofen nehmen und 30 Minuten abkühlen lassen.

Inzwischen in einer kleinen Schale die Zutaten für das Petersilienöl verrühren. Die abgekühlten Zwiebelschnecken mit dem Petersilienöl bestreichen und servieren.

Malatit oder *qaraquish*, wie die Cracker auch genannt werden, sind ein beliebtes Knabberzeug in Palästina, das es sowohl als süße wie auch herzhafte Variante gibt. Die Cracker sind eine clevere Resteverwertung für Teig, den man mit ein paar Samen, Gewürzen und Zucker in knusprige Kekse verwandelt. Ideal zu einer Käseplatte oder als Snack, aber auch für Kinder geeignet. Ich erinnere mich gern daran, wie meine Mutter die (unschöneren) Abschnitte vom Rand der Malatit an uns Geschwister verteilte, die wir gleich zu warmem, zuckersüßem Minztee vernaschten.

Ergibt etwa 50 Stück

Za'atar-Anis-Cracker

Malatit

30 g weißer Sesam
10 g Schwarzkümmelsamen
250 g Mehl (Type 405)
2 EL Za'atar
1 EL Anissamen
1 TL Aleppo-Chiliflocken (Pul Biber oder andere milde Chiliflocken)
⅓ TL Mahleb (s. S. 308, Glossar)
1⅓ TL Backpulver
1 EL Zucker
Salz
45 ml Olivenöl
50 ml Sonnenblumenöl

Den Backofen auf 180 °C Umluft vorheizen.

Den Sesam und die Schwarzkümmelsamen in einer kleinen Pfanne bei geringer bis mittlerer Hitze 3 Minuten rösten. Aus der Pfanne nehmen und abkühlen lassen.

Die abgekühlten Samen in einer Schüssel mit Mehl, Gewürzen, Backpulver, Zucker und 1⅓ TL Salz vermengen. Beide Öle dazugießen und alles sorgfältig verrühren, bis sich sämtliche Zutaten miteinander verbunden haben.

Nach und nach etwa 100 ml lauwarmes Wasser unter die Masse rühren, bis ein leicht klebriger, jedoch elastischer Teig entstanden ist. Die Schüssel mit einem Teller zudecken und den Teig bei Raumtemperatur 10 Minuten ruhen lassen.

Den Teig in zwei gleich große Hälften teilen. Die eine Hälfte zwischen zwei großen Bögen Backpapier 3–4 mm dick und rechteckig (35 × 25 cm) ausrollen. Die andere kurz bedeckt beiseitestellen. Den Teig auf dem Papier auf ein Backblech heben und das obere Papier vorsichtig abziehen.

Den Teig in 5 cm große Quadrate oder in Rauten schneiden. Sie können mit einem Ausstechring (Ø 7 cm) auch Taler formen. Die andere Teighälfte ebenso formen und zuschneiden. Die Cracker im Ofen 20 Minuten goldbraun backen.

Die Za'atar-Anis-Cracker vor dem Servieren vollständig abkühlen lassen.

Die Cracker halten sich in einem fest verschlossenen Behälter bis zu 1 Woche, ohne an Knusprigkeit oder Geschmack zu verlieren. Man kann sie auch bis zu 1 Monat einfrieren.

Musafan bereichert jedes Frühstück und jeden Brunch. Die lockeren, vor Konfitüre und Käse triefenden Brotschichten versprechen Scheibe für Scheibe köstlichen Genuss.

Hier verwende ich mit geringfügigen Änderungen den Teig wie für die Käsebrötchen mit Sumach (s. S. 265). Die perfekte Grundlage für diesen Leckerbissen! Sie können den Teig am Vortag zubereiten und über Nacht kühl stellen. Bringen Sie ihn aber vor dem Ausrollen, Füllen und Backen erst wieder auf Raumtemperatur.

Für 6–8 Personen

Mit Käse & Konfitüre gefülltes Hefebrot

Musafan

1½ TL Trockenhefe
1½ TL Zucker
320 g Mehl (Type 405), plus mehr zum Verarbeiten
1 EL Milchpulver (nach Belieben)
1 EL Süßes Baharat (s. S. 38)
1 TL gemahlene Kurkuma
2 EL Za'atar
Salz
30 ml Olivenöl, plus mehr zum Einreiben
1 Ei
2 EL Milch oder Wasser
1 EL weißer Sesam
1½ TL Schwarzkümmelsamen

Füllung
200 g Erdbeerkonfitüre oder andere Konfitüre nach Wahl
170 g Feta, zerkrümelt

Hefe, Zucker und 190 ml lauwarmes Wasser in einer Schüssel verrühren. Dieses Hefewasser 5 Minuten stehen lassen, bis es schäumt.

Mehl, Milchpulver (falls verwendet), Süßes Baharat, Kurkuma, Za'atar und ¾ TL Salz in der Schüssel einer Küchenmaschine mit dem Knethaken 1 Minute grob vermengen. Das Hefewasser und das Öl auf kleiner Stufe etwa 2 Minuten mitkneten, bis sich die Zutaten verbunden haben. Dann alles 4 Minuten auf mittlerer Stufe elastisch verkneten. Der Teig sollte sich sehr weich, fast klebrig anfühlen.

Den Teig auf einer sauberen Arbeitsfläche zu einer Kugel formen. Die Schüssel mit 1 EL Öl einfetten und den Teig darin wenden, bis er rundherum vom Öl bedeckt ist. Die Schüssel mit einem Küchentuch zudecken und den Teig an einem warmen Ort 1 Stunde gehen lassen, bis er sein Volumen verdoppelt hat.

Den Teig auf einer leicht bemehlten Arbeitsfläche rund (Ø 45 cm) ausrollen. Diesen Boden gleichmäßig mit Konfitüre bestreichen; rundherum einen 2 cm breiten Rand lassen. Den Feta mittig verstreuen. Den Rand an einer Seite etwa 10 cm weit nach innen falten. Diesen Vorgang rundherum mehrmals wiederholen – insgesamt sechs- bis achtmal (das Brot sollte eine Art Sechs- oder Achteck bilden, s. S. 248). In der Mitte und an den Nahtstellen fest zusammendrücken. Das Brot auf ein mit Backpapier bedecktes Backblech legen, mit einem Küchentuch bedeckt 20 Minuten ruhen lassen.

Den Backofen auf 200 °C Umluft vorheizen.

In einer kleinen Schale das Ei mit der Milch oder dem Wasser verschlagen. Das Musafan mit dem Ei bestreichen und mit dem Sesam und Schwarzkümmel bestreuen. Noch einmal 5 Minuten ruhen lassen und anschließend etwa 20 Minuten backen, bis das Brot durchgegart und der Boden goldbraun ist. Aus dem Ofen nehmen und vor dem Servieren 10 Minuten abkühlen lassen.

Musafan hält sich einige Tage. Es lässt sich problemlos einfrieren und im gefrorenen Zustand im Ofen wieder aufbacken.

Dieses Rezept ist vom traditionellen palästinensischen Brot inspiriert, für das frische Za'atar-Blätter und häufig Käse zum Einsatz kommen. Der Teig wird gewöhnlich hauchdünn ausgerollt, mit Za'atar-Blättern und einer Mischung aus Zwiebeln, Sumach und Käse gefüllt und anschließend wie ein Kuvert gefaltet und gebacken.

Bei dieser Version habe ich das frische Za'atar durch Oregano ersetzt, der leichter zu finden ist, und den Teig zu einem Laib geformt, was kinderleicht geht. Ich serviere das Brot noch warm und in dicke Scheiben geschnitten oder leicht getoastet und dick mit Butter bestrichen. Noch besser schmeckt es mit einem Schälchen Olivenöl und Za'atar zum Auftunken.

Ergibt 1 Laib

Käse-Oregano-Brot

Kubez al Jeben w al Za'atar

270 g Mehl (Type 405)
2 TL Backpulver
½ TL Backnatron
1 TL Mahleb (s. S. 308, Glossar)
Salz
15 g Sesam
2 TL Schwarzkümmelsamen
2 Eier
260 ml Milch
60 ml Olivenöl
30 g frischer Oregano
100 g Feta, grob zerkrümelt
50 g Halloumi, grob gewürfelt

Den Backofen auf 180 °C Umluft vorheizen und eine Kastenform (20 × 10 × 7 cm) mit Backpapier auskleiden.

Sämtliche trockenen Zutaten sowie 1⅓ TL Salz, den Großteil vom Sesam sowie 1½ TL Schwarzkümmelsamen in einer großen Schüssel vermengen. In einer weiteren Schüssel die Eier mit Milch und Olivenöl verschlagen. Diese Flüssigkeit in die trockene Mischung gießen, Oregano, Feta und Halloumi mit einem Spatel behutsam unterziehen – dabei nicht zu lange und intensiv rühren.

Den Teig in die vorbereitete Form füllen und glatt verstreichen. Mit dem restlichen Sesam und den Schwarzkümmelsamen (½ TL) bestreuen. Im Ofen 30 Minuten goldbraun backen.

Das Brot in der Form 15 Minuten abkühlen lassen, anschließend herauslösen und vor dem Servieren noch weitere 10 Minuten abkühlen lassen.

Dieses Käse-Oregano-Brot lässt sich wunderbar einfrieren – einfach in dicke Scheiben schneiden, diese luftdicht einwickeln und in den Gefrierschrank legen – eine praktische, stets griffbereite und köstliche Reserve.

Dies ist eine weitere Spielart von In der Pfanne gebackenes Kurkumabrot (s. S. 241), jedoch mit Vollkornmehl, was es zu einem herzhaften und ebenso köstlichen Genuss macht, sei es mit oder ohne Oregano. Bei mir zu Hause wird dieses Brot regelmäßig gebacken. Es lässt sich übrigens gut einfrieren.

Das Milchpulver verleiht diesem Kubez eine besonders weiche Krume, für eine vegane Version jedoch einfach weglassen.

Ergibt 8 kleine Brote

Vollkornbrot

Kubez Asmar

250 g Weizenvollkornmehl
80 g Mehl (Type 405), plus mehr zum Verarbeiten
1 TL Trockenhefe
1½ TL Zucker
2 EL Milchpulver (nach Belieben)
Salz
60 ml Olivenöl, plus mehr zum Einfetten
12 g frischer Oregano oder frische Za'atar-Blätter

Beide Mehle sowie Hefe, Zucker, Milchpulver (falls verwendet) und 1 TL Salz in der Schüssel einer Küchenmaschine mit dem Knethaken vermengen. (Sie können den Teig auch von Hand kneten; das dauert etwa 10 Minuten.) Die Zutaten auf mittlerer Stufe etwa 1 Minute vermengen, dann Öl und Oregano oder Za'atar unterrühren. Nach und nach 180 ml lauwarmes Wasser dazugießen. Alles weitere 7 Minuten kneten, bis sich die Zutaten zu einem glatten, elastischen Teig verbunden haben. Diesen zu einer Kugel formen und in eine leicht eingeölte Schüssel legen. Mit einem sauberen Küchentuch zudecken und an einem warmen Ort etwa 1 Stunde gehen lassen, bis er sein Volumen verdoppelt hat.

Zwei Backbleche bemehlen und bereitstellen. Den Teig nach dem Gehen abschlagen und in acht Teiglinge (à etwa 85 g) teilen. Diese zu Bällchen formen, mit einem feuchten Tuch zudecken und 15 Minuten ruhen lassen. Die Teigbällchen auf der leicht bemehlten Arbeitsfläche rund (Ø 14 cm) ausrollen. Auf den Blechen mit einem Tuch bedeckt weitere 20 Minuten ruhen lassen.

Den Backofen auf 240 °C Umluft vorheizen. Zwei Backbleche mit Backpapier auslegen und im Ofen vorheizen. Die heißen Bleche aus dem Ofen nehmen, jeweils vier Teigfladen darauflegen – ausreichend Abstand lassen – und die Brote 4–5 Minuten im Ofen backen, bis sie goldbraun aufgegangen sind.

Die fertigen Fladenbrote auf ein Küchentuch legen und für 10 Minuten zudecken, damit sie nicht austrocknen. Sobald sie abgekühlt sind, können Sie sie in verschließbare Behälter verpackt an einem kühlen Ort einige Tage aufbewahren oder luftdicht eingewickelt bis zu 1 Monat einfrieren.

Ergibt 8 Stück

Aus altbackenem Brot kreiert man in der palästinensischen Küche originelle und köstliche Gerichte. Gleichzeitig achtet man auf die Verwertung von Nahrungsmitteln, und das zeigt Einfallsreichtum sowie Kreativität unserer Küche. Wahre Meister erkennt man dabei, wenn es um altes Brot geht. Altbackenes geht in allen möglichen leckeren Gerichten neu auf, etwa Fattusch, ein erfrischender Salat aus gerösteten oder frittierten Croûtons, oder Fatteh Hummus, eine geschichtete Köstlichkeit aus Kichererbsen, Joghurt und knusprigem Brot. Man kann Brot toasten oder rösten, um es als knuspriges Element für eine Vielzahl herzhafter oder süßer Genüsse zu verwerten.

Außerdem dient altbackenes Brot zum Binden von Suppen und Eintöpfen. Es saugt bereitwillig die würzige Brühe auf und verwandelt sie in einen herzhaften und sättigenden Genuss.

Mumalah (bedeutet »gesalzen«), ist eine weitere beliebte Methode, altes Brot zu verwerten. Die gerösteten Fladen werden mit Tomatensalsa und gesalzenen Weintrauben garniert, ideal als raffinierte Vorspeise oder Teil einer Auswahl mehrerer Speisen.

Geröstete Pita-Fladen mit Tomaten & Weintrauben

Mumalah

4 Vollkorn-Pita-Brote vom Vortag (240 g)
370 g dunkle Weintrauben
4 EL Olivenöl
Salz und frisch gemahlener schwarzer Pfeffer
1 Zwiebel (150 g), fein gehackt
2 mittelgroße Tomaten (240 g), fein gewürfelt
1 EL Sumach
2 EL Apfelessig

Garnitur
½ kleine rote Zwiebel (40 g), in ganz feine Streifen geschnitten
10 g Petersilienblätter
1 TL Sumach
1 EL Olivenöl
Meersalzflocken

Den Backofen auf 180 °C Umluft vorheizen und zwei Backbleche mit Backpapier auslegen.

Die Pita-Brote waagerecht halbieren. Die Brothälften mit etwas Abstand auf die vorbereiteten Bleche legen.

Die Weintrauben in einer kleinen Schüssel in 1 EL Olivenöl wenden und mit ⅓ TL Salz bestreuen. Gut durchmischen, in einer ofenfesten Form im Ofen 15 Minuten rösten, bis die Trauben etwas Farbe genommen haben.

Zwiebel, Tomaten, Sumach, Essig und das restliche Öl (3 EL) in einer Schüssel vermischen. Mit ½ TL Salz und 1 kräftigen Prise schwarzem Pfeffer abschmecken, sorgfältig vermengen. Die Mischung auf die Pita-Fladen löffeln (1½–2 EL pro Fladen) und möglichst gleichmäßig verstreichen.

Jeweils fünf bis sechs Trauben (oder sieben bis acht kleine) auf den Fladen verteilen und alles mit dem beim Rösten ausgetretenen Saft beträufeln.

Die Pita-Fladen im Ofen 25 Minuten backen, bis sie am Rand goldbraun und leicht knusprig sind.

Inzwischen für die Garnitur die Zwiebel mit Petersilie, Sumach und Olivenöl verrühren. Die gerösteten Pita-Fladen mit dieser Salsa garnieren, mit Meersalzflocken bestreuen und servieren.

Abu Ali Sinina ist eine unscheinbare Bäckerei in einer ruhigen Gasse in der Nähe des Damaskustors in der Altstadt von Jerusalem. Sie ist ein Muss für Einheimische und Besucher, die Appetit auf einen warmen abendlichen Snack haben, allen voran die berühmten Eierpasteten. Vor allem in den Abendstunden versorgt Abu Ali die Stadt unermüdlich mit Ka'ak und Brot. Kunstfertig werden diese dampfenden Pasteten für Passanten gebacken.

Der Teig ähnelt dem von In der Pfanne gebackenes Kurkumabrot (s. S. 241), wobei der Rand durch einen flinken Kniff verdickt wird, sodass eine Art Pizza entsteht, die vor dem Backen mit allerlei herzhaften Zutaten belegt wird. Eine gründliche Vorbereitung ist hier das A und O. Sämtliche Zutaten sollten zugeschnitten und griffbereit sein, denn sobald das Ausrollen beginnt, ist zügiges Arbeiten gefragt. Je nach Größe Ihres Ofens müssen Sie die Pasteten eventuell in mehreren Durchgängen backen, doch der Lohn der Mühe sind warme, sättigende »Pizzen«, die absolut unwiderstehlich sind.

Für 4 Personen

Zwiebelkuchen mit Eiern & Feta

Aqras Beyd

Teig
1 TL Trockenhefe
1½ TL Zucker
375 g Mehl (Type 405), plus mehr zum Verarbeiten
2½ EL Milchpulver (nach Belieben)
Salz
1 EL Olivenöl, plus mehr zum Einfetten

Für den Teig die Hefe mit Zucker und 100 ml lauwarmem Wasser in einer kleinen Schüssel verrühren. Dieses Hefewasser 5 Minuten stehen lassen, bis es zu schäumen beginnt.

Mehl, Milchpulver (falls verwendet) und 1 TL Salz in der Schüssel einer Küchenmaschine mit dem Knethaken 1 Minute auf niedriger Stufe vermengen. Die Geschwindigkeit auf mittlere Stufe erhöhen, nach und nach das Hefewasser und anschließend das Öl einarbeiten – der Teig ist zunächst eine ziemlich klebrige Angelegenheit. Bei laufendem Gerät langsam weitere 100 ml lauwarmes Wasser zugießen und 7–8 Minuten kneten, bis sich der Teig zu einer Kugel formt. Er sollte glatt und elastisch, aber nicht klebrig sein, wenn man hineinkneift.

Den Teig in eine leicht eingeölte Schüssel legen, mit einem Küchentuch zudecken und an einem warmen Ort etwa 1 Stunde gehen lassen, bis er sein Volumen um ein Drittel vergrößert hat.

Nach dem Gehen den Teig auf einer leicht bemehlten Arbeitsfläche in vier Teiglinge teilen und diese zu Bällchen formen. Mit einem feuchten Tuch zudecken und 10 Minuten ruhen lassen – der Teig wird nicht weiter aufgehen, doch es ist wichtig, dass er noch ruht.

Nach 10 Minuten die Bällchen einzeln nacheinander zuerst mit den Fingern etwas abflachen und dann mit einem Wellholz zu runden Fladen (etwa Ø 23 cm) ausrollen. Bei Bedarf die Arbeitsfläche mit weiterem Mehl bestäuben, damit der Teig nicht klebt.

Fortsetzung folgende Seite …

Belag

3 EL Olivenöl
3 Zwiebeln (360 g), geschält, halbiert und in feine Streifen geschnitten
2 mittelgroße Zucchini (320 g), längs halbiert, von Kernen befreit und längs in je 8 Spalten geschnitten
4 Eier
Salz und frisch gemahlener schwarzer Pfeffer
4 Frühlingszwiebeln (55 g), in Röllchen geschnitten
100 g Feta, in ca. 25 mm große Stücke zerkrümelt
5 g frischer Oregano
1 EL Za'atar (nach Belieben)

Adha

3 EL Olivenöl
2 TL Aleppo-Chiliflocken (Pul Biber oder andere milde Chiliflocken)

Dabei darauf achtgeben, dass beim Ausrollen keine Löcher entstehen. Die ausgerollten Teigfladen mit einem feuchten Tuch bedecken, damit sie nicht austrocknen. Noch einmal abgedeckt 20 Minuten bei Raumtemperatur ruhen lassen.

Inzwischen den Backofen auf 230 °C Umluft vorheizen. Zwei Backbleche mit Backpapier auslegen und im Ofen vorheizen.

Für den Belag in einer mittelgroßen Pfanne 2 EL Olivenöl erhitzen und die Zwiebeln darin bei mittlerer Hitze etwa 15 Minuten rösten, bis sie goldbraun karamellisiert sind. In einer kleinen Schüssel bis zur weiteren Verwendung beiseitestellen. In derselben Pfanne das restliche Olivenöl (1 EL) erhitzen und die Zucchini darin 6–8 Minuten sanft garen, bis sie weich, jedoch nicht zerfallen sind.

Für das Adha das Olivenöl und die Chiliflocken in einem kleinen Stieltopf 1 Minute erwärmen. Beiseitestellen.

Die vorgeheizten Bleche aus dem Ofen nehmen, je zwei Teigböden darauflegen und 2 Minuten backen, bis sie leicht aufgegangen sind. Sie sollen in dieser Phase noch keine Farbe nehmen. Herausnehmen und von innen den Rand der Teigböden mit den Fingern rundherum hochdrücken, sodass er etwas verdickt wird und etwa 5 mm hochsteht – wie der Rand einer Pizza.

Jeweils ein Viertel der Röstzwiebeln auf den Böden verteilen, je ein Ei daraufschlagen, mit einer Gabel gleichmäßig verquirlen und auf den Zwiebeln verstreichen. Anschließend kräftig mit Salz und schwarzem Pfeffer bestreuen. Zucchini, Frühlingszwiebeln und Feta auf den Böden verteilen. Mit dem Oregano und Za'atar (falls verwendet) bestreuen.

Die Zwiebelkuchen im Ofen 10 Minuten backen und die Bleche nach der Hälfte der Zeit um 180 Grad drehen, bis das Ei gestockt und der Teig goldbraun ist. Falls das Ei noch etwas Zeit benötigt, die Bleche 1–2 Minuten unter den heißen Ofengrill schieben.

Die Zwiebelkuchen warm oder abgekühlt servieren und kurz zuvor mit dem Adha beträufeln.

Diese »Partybrötchen« sind ein idealer Begleiter zu einem Essen mit Familie und Freunden, auch als leichtes Abendessen mit Tee sind sie ein Genuss. Der Teig lässt sich variabel formen: zu Fladenbrot, einem Laib oder, wie hier, zu Brötchen. Unabhängig von der Form sollte die Krume im Kern ganz weich – fast feucht – sein und die Kruste goldgelb.

Ergibt 20 Stück

Käsebrötchen mit Sumach

Aqras Jeben

Teig

1½ TL Trockenhefe
1½ TL Zucker
320 g Mehl (Type 405)
Salz
90 ml Sonnenblumenöl, plus 1 TL für die Schüssel
1 Ei
1 EL Milch
1 EL Schwarzkümmelsamen

Füllung

200 g Feta, zerkrümelt
10 g Petersilie, fein gehackt
3 Frühlingszwiebeln (80 g), in Röllchen geschnitten
2 EL Sumach
½ TL Aleppo-Chiliflocken (Pul Biber oder andere milde Chiliflocken)
3 EL Olivenöl

Hefe, Zucker und 170 ml lauwarmes Wasser in einer kleinen Schüssel verrühren. Dieses Hefewasser 5 Minuten stehen lassen, bis es zu schäumen beginnt.

Das Mehl und 1⅓ TL Salz in der Schüssel einer Küchenmaschine mit dem Knethaken vermengen. Auf niedriger Stufe zuerst das Hefewasser, dann das Öl einarbeiten. Die Mischung 1 Minute kneten, die Geschwindigkeit auf mittlere Stufe erhöhen und den Teig weitere 5 Minuten kneten, bis er weich, glatt und geschmeidig ist.

Den Teig zu einer Kugel formen, 1 TL Öl in die Schüssel gießen und den Teig darin wenden, bis er rundherum mit Öl bedeckt ist. Die Schüssel mit einem Küchentuch zudecken. Den Teig an einem warmen Ort 1 Stunde gehen lassen, bis er sein Volumen verdoppelt hat.

Sämtliche Zutaten für die Füllung in einer Schüssel gleichmäßig vermengen. Beiseitestellen.

Den Teig in 20 gleich große Stücke (à etwa 25 g) teilen. Diese zu Bällchen formen und auf einen großen Teller legen. Mit einem Küchentuch zudecken und 10 Minuten ruhen lassen.

Den Backofen auf 200 °C Umluft vorheizen. Zwei runde Formen (Ø 30 cm – jede andere Form geht auch) mit Backpapier auslegen.

Die Teigbällchen auf einer sauberen Arbeitsfläche mit den Fingern zu Fladen (à etwa Ø 10 cm) flach drücken. Je 1 EL (etwa 10 g) der Käsefüllung hineinsetzen, die Ränder über die Füllung falten, zusammendrücken und alles wieder rund formen.

Die gefüllten Brötchen mit etwas Abstand zueinander in die vorbereiteten Formen setzen. In einer kleinen Schale das Ei mit 1 EL Milch verschlagen. Die Brötchen mit dieser Eistreiche einpinseln, mit dem Schwarzkümmel bestreuen und noch einmal 5 Minuten ruhen lassen. Anschließend etwa 20 Minuten goldbraun backen und die Position der Bleche nach der Hälfte der Zeit tauschen. Herausnehmen und warm oder abgekühlt servieren.

Den Teig können Sie einen Tag im Voraus zubereiten und über Nacht im Kühlschrank aufbewahren. Die gebackenen Brötchen lassen sich gut einfrieren und im gefrorenen Zustand aufbacken.

KAPITEL 9

Süß-speisen

In der palästinensischen Küche findet man den lieben langen Tag Süßigkeiten, nicht nur als Nachspeise. Unsere Vorliebe für Süßes ist Jahrhunderte alt. Von einfachen Teigfäden mit Zucker, Butter und einer Prise Zimt über sündhaft dekadenten, sirupgetränkten Filo-Teig bis hin zu raffiniertem, delikatem Feingebäck, aromatisiert mit Rosenwasser, Orangenblüten, Kardamom und arabischem Mastix. Wie bei vielen Gerichten aus dem palästinensischen Repertoire scheuen wir nicht den Einsatz gewagter Aromen und Kombinationen, mit der Geschichte unserer Region im Gepäck.

Einige meiner schönsten Kindheitserinnerungen ranken sich um beträchtliche Mengen an Baklava, Knafeh und jede Menge Kekse und Plätzchen, die mich zu den Rezepten in diesem Kapitel inspiriert haben.

In zahlreichen palästinensischen Städten und Dörfern wie Beit Jala, Jifna, Salfit, Sebastia und Balaa haben die Aprikosenplantagen überlebt, in anderen Gegenden sind sie für viele nur noch eine ferne Erinnerung. Selbst die einst in den Wäldern von Safed weit verbreitete wilde Aprikose, Al-Hasum genannt, ist verschwunden. Weitere in Palästina zu findende Sorten sind Mestikawi, Wardi, Lauzi und Kalabi.

Dieser Kuchen kombiniert Aprikosen und Mandeln klassisch. Zitronenabrieb und Orangenblütenwasser machen ihn besonders duftig.

Für 8–10 Personen

Aprikosen-Orangen-Kuchen mit Mandeln

Ka'ket Mishmash w Burtuqal

150 g getrocknete Aprikosen
2 große Bio-Orangen, Abrieb von 1 Orange und 100 ml Saft
2 EL Orangenblütenwasser
150 g Butter, raumtemperiert, plus mehr für die Form
135 g Zucker
Abrieb von 1 Bio-Zitrone
150 g griechischer Joghurt (10 % Fettgehalt)
1½ TL gemahlener Zimt
3 Eier (Größe L), leicht verquirlt
180 g gemahlene Mandeln
100 g Instant-Polenta
1 TL Backpulver
1 TL Vanillepaste
Salz
5–6 frische Aprikosen (270 g), senkrecht halbiert und dabei entsteint

Mandelsplitter
1 Eiweiß
25 g gehobelte Mandeln
1 EL Puderzucker, plus mehr zum Bestäuben

Glasur
4 EL Aprikosenkonfitüre

Den Backofen auf 160 °C Umluft vorheizen und eine Springform (Ø 23 cm) mit Backpapier auskleiden.

Getrocknete Aprikosen grob hacken und in einer kleinen Schüssel mit Orangensaft und Orangenblütenwasser zum Einweichen beiseitestellen.

Die Butter und den Zucker in der Schüssel einer Küchenmaschine mit dem Flachrührer bei mittlerer Geschwindigkeit 2–3 Minuten glatt und cremig rühren. Die restlichen Zutaten, außer den Aprikosen, sowie ½ TL Salz hinzufügen und alles 2 Minuten verrühren. Anschließend die getrockneten Aprikosen samt Saft unterziehen.

Den Teig in die vorbereitete Form füllen, gleichmäßig verstreichen und zugedeckt 10 Minuten ruhen lassen. Anschließend die frischen Aprikosenhälften mit den Schnittflächen nach oben auf dem Kuchen arrangieren, jedoch nicht zu fest in den Teig drücken. Den Kuchen im Ofen 30 Minuten backen, bis er leicht gebräunt ist und sich ein wenig vom Rand der Form gelöst hat. Locker mit Alufolie zudecken, damit er nicht zu kräftig bräunt. Weitere 30 Minuten backen, bis ein Spieß nach dem Einstechen sauber wieder herauskommt. Den Kuchen aus dem Ofen nehmen, die Folie entfernen und den Kuchen vollständig abkühlen lassen.

Inzwischen die Ofentemperatur auf 150 °C Umluft reduzieren, ein Blech einfetten. In einer kleinen Schüssel sämtliche Zutaten für die Mandelsplitter sorgfältig vermengen. Die Mischung esslöffelweise auf das Blech häufen und so verteilen, dass sich die Mandelblättchen leicht überlappen (insgesamt sollten es etwa 15 Häufchen sein). Im Ofen 12 Minuten backen, bis die Mandelsplitter leicht gebräunt sind. Herausnehmen und vollständig abkühlen lassen.

Für die Glasur die Aprikosenkonfitüre in einer kleinen Schale mit 2 EL Wasser glatt rühren und gleichmäßig auf dem Kuchen verstreichen. Diesen mit den Mandelsplittern belegen und vor dem Servieren mit Puderzucker bestäuben. Der Aprikosen-Orangen-Kuchen hält sich gekühlt bis zu 5 Tage.

Für 10–12 Personen

Dieser Kuchen ist eine Abwandlung der griechischen *milopita*, die traditionell mit Olivenöl und Joghurt gebacken wird. Sie können ihn mit einem Klecks Sahne als Dessert servieren oder mit einer Tasse Kaffee zum Frühstück genießen. Mit Birnen oder Quitten anstelle der Äpfel schmeckt der Kuchen nicht weniger köstlich.

Solch ein Kuchen wurde in der griechisch-orthodoxen Gemeinde in Bethlehem und Beit Jala im Süden Jerusalems gebacken, erzählt mir die 89-jährige Maria Anastas, Schwiegermutter meines Arztes. Sie wuchs in der Gegend auf und zog zehn Kinder groß. Maria ist eine ausgezeichnete Köchin, die ihr Handwerk von ihrer verstorbenen Schwiegermutter erlernt hat. Später veröffentlichte sie eine Reihe von Büchern über die palästinensische Kultur.

Würziger Apfelkuchen mit Walnusskernen & Zitrone

Ka'ket Tuffah w Jawz

300 ml Sonnenblumenöl, plus mehr für die Form
320 g Zucker
1 TL Vanillepaste
3 Eier (Größe L)
4 Äpfel (Granny Smith, 460 g), geschält, entkernt und gewürfelt (Kantenlänge 2 cm)
3 EL Zitronensaft
450 g Mehl (Type 405), plus mehr zum Verarbeiten
1½ TL gemahlener Zimt
¾ TL gemahlener Piment
1 Prise gemahlene Gewürznelken
1 TL Backnatron
Salz
150 g Walnusskerne, fein gehackt

Zuckerguss
160 g Puderzucker
1 EL Zitronensaft

Den Backofen auf 150 °C Umluft vorheizen.

Eine gewellte Kuchenform (Gugelhupfform, Ø 24 cm) mit etwas Öl einfetten und mit etwa 2 EL Mehl ausstreuen. Das Mehl gleichmäßig verteilen und den Überschuss ausleeren. Die Form vorerst beiseitestellen.

Öl, Zucker und Vanillepaste in der Schüssel einer Küchenmaschine mit dem Flachrührer bei hoher Geschwindigkeit 3 Minuten hellgelb und glatt schlagen. Anschließend bei laufendem Gerät die Eier nacheinander einarbeiten.

Die Apfelwürfel in einer großen Schüssel mit 1 EL Zitronensaft benetzen und beiseitestellen.

Sämtliche trockenen Zutaten durch ein feines Sieb in die Eiermasse sieben. Noch 1 TL Salz, Äpfel und Walnüsse hinzufügen und alles bei niedriger Geschwindigkeit gleichmäßig, jedoch nicht zu intensiv verrühren. Den Teig in die vorbereitete Form füllen, mit einem Spatel glatt streichen und im Ofen 70–80 Minuten backen, bis ein Spieß nach dem Einstechen sauber wieder herauskommt.

Den Kuchen vollständig abkühlen lassen und anschließend aus der Form stürzen. Den Puderzucker und den Zitronensaft glatt verrühren. Ist der Zuckerguss zu dick, noch ein paar Tropfen Zitronensaft oder kaltes Wasser unterrühren.

Den Kuchen auf einer Platte anrichten, mit Zuckerguss überziehen und den Guss fest werden lassen.

Dieser Apfelkuchen lässt sich gut einfrieren. Reste wickle ich in Backpapier und verpacke sie in Gefrierbeutel.

Stellen Sie sich vor, Sie sitzen in einem der vielen Cafés auf dem Souk in der Jerusalemer Altstadt, naschen ein Stück Schokolade und trinken einen starken, süßen arabischen Kaffee mit Kardamom. Ein Löffel dieses Desserts versetzt Sie sogleich in diesen Traum. Dies ist ein Naschwerk zum Teilen, das man direkt aus der Form löffelt. Ein leckerer, ganz einfacher, saftiger Brownie, der in weniger als 20 Minuten auf dem Tisch steht. Für Schokoladenfans wie mich genau das Richtige.

Für 6 Personen

In der Form gebackener Brownie mit Tahini, Halwa & Kaffee

Qahwa w Halaweh Brownie

Sonnenblumenöl zum Einfetten
150 g Tahini (Sesammus)
110 g Zucker
2 Eier (Größe L)
20 g ungesüßtes Kakaopulver
1 EL Instant-Espresso
30 g Mehl (Type 405)
½ TL gemahlener Kardamom
1 Prise gemahlene Gewürznelken
½ TL Backpulver
Salz
40 g dunkle Schokodrops oder Zartbitterschokolade (70 % Kakaoanteil), in 5 mm große Stücke gehackt

Topping
1½ EL Sesam
40 g dunkle Schokodrops oder Zartbitterschokolade (70 % Kakaoanteil), in 5 mm große Stücke gehackt
70 g Halwa oder Vanille-Halwa, in Stücke zerbrochen

Zum Servieren
Vanilleeiscreme

Den Backofen auf 175 °C Umluft vorheizen und eine Backform (22 cm Größe) oder ein tiefes Blech mit etwas Sonnenblumenöl einfetten.

Das Tahini und 120 ml lauwarmes Wasser in der Schüssel einer Küchenmaschine mit dem Flachrührer bei mittlerer bis hoher Geschwindigkeit 2 Minuten verschlagen, bis die Mischung glatt und blassgelb ist. Die Geschwindigkeit auf niedrige Stufe reduzieren und den Zucker unterrühren. Anschließend die Eier nacheinander einarbeiten. Die Masse weitere 2 Minuten durchrühren.

Die trockenen Zutaten in einer weiteren Schüssel fein durchsieben, mit ⅓ TL Salz und Schokolade zur Tahini-Masse in der Schüssel mischen und 1 Minute unterrühren. Den Brownie-Teig in die vorbereitete Form oder das Blech füllen.

Für das Topping Sesam, Schokolade und Halwa-Stücke auf dem Brownieteig verteilen und alles im Ofen 10–12 Minuten backen. Der Teig sollte am Rand gestockt und in der Mitte noch leicht feucht, jedoch nicht mehr flüssig sein. Vor dem Servieren 10 Minuten abkühlen lassen.

Den Brownie mit Vanilleeis servieren. Er hält sich im Kühlschrank bis zu 1 Woche.

Dies ist meine moderne Auslegung des palästinensischen Ma'amoul. Was schmeckt noch besser als Ma'amoul-Kekse? Ma'amoul-Schokoriegel natürlich! Sie werden mit der traditionellen Ma'amoul-Füllung aus Datteln und Nüssen zubereitet, dekadent mit einem Hauch von Rosenwasser, Kardamom und Anis aromatisiert und knackig mit dunkler Schokolade überzogen.

Die Riegel kommen so gut an, dass jeder einen zweiten oder dritten will, ohne zu ahnen, dass sie auch noch vegan sind.

Ergibt 24 Stück

Schokoladen-Dattel-Riegel

Ma'amoul bil Shukulata

250 g Walnusskerne
60 g Dattelpaste (oder 60 g entsteinte Datteln, fein gehackt, plus 1 EL Sonnenblumenöl)
140 g vegane Schokoladenkekse, fein zerkrümelt (ca. 9 Kekse)
100 g dunkler Muscovado-Zucker
¾ TL gemahlener Kardamom
1 TL gemahlener Zimt
¾ TL gemahlene Anissamen
½ TL Mahleb (s. S. 308, Glossar)
Salz
2 EL flüssiger Honig oder Agavensirup
2 EL Rosenwasser
200 g vegane Zartbitterschokolade (70 % Kakaoanteil), in ca. 1 cm große Stücke zerbrochen
5 g gefriergetrocknete Himbeeren
2 EL Pistazienkerne, fein zerstoßen

Den Backofen auf 170 °C vorheizen und eine ofenfeste Form mit Backpapier auslegen.

Die Walnusskerne in der Form verteilen und im Ofen 8–10 Minuten rösten. Herausnehmen und vollständig abkühlen lassen. Anschließend im Mixer fein zerhacken, jedoch nicht gänzlich zermahlen.

Falls Sie Datteln anstelle der Paste verwenden, die gehackten Früchte und das Sonnenblumenöl in einem kleinen Topf bei geringer Hitze unter Rühren zu einer klebrigen Paste eindicken lassen. Vom Herd nehmen und beiseitestellen.

Gehackte Walnusskerne, zerkrümelte Kekse, Zucker, Gewürze und ½ TL Salz in einer mittelgroßen Schüssel sorgfältig vermengen. Mit Dattelpaste, Honig und Rosenwasser von Hand verkneten, bis die Zutaten vollständig eingearbeitet sind.

Die Masse in einer rechteckigen Ofenform (30 × 20 cm) verteilen, fest andrücken und für mindestens 20 Minuten oder über Nacht in den Kühlschrank stellen.

Eine hitzebeständige Schüssel auf einen Topf mit leicht siedendem Wasser setzen und die Schokolade darin schmelzen, bis sie vollkommen flüssig ist und glänzt. Den Dattel-Keks-Boden gleichmäßig in einem dünnen Strahl mit der flüssigen Schokolade übergießen. Alles mit den getrockneten Himbeeren und den Pistazienstücken bestreuen. Die Riegelplatte für 1 Stunde in den Kühlschrank stellen, bis die Schokolade fest geworden ist. Vor dem Servieren in quadratische Stücke oder Riegel schneiden.

Datteln sind unverzichtbar für palästinensische Backwaren und Süßspeisen wie Ma'amoul, Ka'ak und *mabrouseh*, um nur einige zu nennen. Sie werden seit jeher als natürlicher und gesunder Süßstoff verwendet und sorgen, ergänzt durch aromatische Gewürze, für einen angenehmen Kontrast in Konsistenz und Geschmack.

Diese Kekse basieren auf einem Rezept, das mir meine Schwester Kawthar vor einiger Zeit gab. Wir hatten uns alle zum Zuckerfest in ihrem Haus im Stadtteil Beit Hanina in Ost-Jerusalem versammelt. Kawthar ist die beste Köchin unserer Familie und zaubert im Nullkommanichts ein schmackhaftes Mittag- oder Abendessen auf den Tisch. Sie ist immer bereit, die Ärmel hochzukrempeln und den Familienmitgliedern zu helfen, indem sie kocht oder Süßigkeiten und Kekse für eine Feier zubereitet.

Ergibt etwa 35 Stück

Dattelgebäck mit Schwarzkümmel

Makrouta

100 g Mehl (Type 405), plus mehr zum Verarbeiten
50 g feiner Grieß
⅓ TL Backpulver
1 Prise Backnatron
1½ EL Puderzucker
½ TL gemahlene Anissamen
⅓ TL gemahlene Fenchelsamen
Salz
12 g Sesam
5 g Schwarzkümmelsamen
Abrieb von ½ Bio-Zitrone
½ TL Vanillepaste
60 g Butter, zerlassen
1 EL Sonnenblumenöl
Puderzucker zum Bestäuben (nach Belieben)

Dattelfüllung
200 g Dattelpaste (s. S. 278)
10 g Butter, raumtemperiert
½ EL Sonnenblumenöl

Mehl, Grieß, Backpulver, Backnatron, Puderzucker, die gemahlenen Anis- und Fenchelsamen sowie 1 Prise Salz durch ein feines Sieb in eine mittelgroße Schüssel geben – auf diese Weise lassen sich die trockenen Zutaten gleichmäßig vermengen.

Sesam und Schwarzkümmelsamen, Zitronenabrieb, Vanillepaste, zerlassene Butter und Sonnenblumenöl hinzufügen. Alles sorgfältig vermengen. Die Masse von Hand 1–2 Minuten kneten und dabei nach und nach 30 ml lauwarmes Wasser einarbeiten, bis ein glatter, elastischer Teig entstanden ist, der nicht klebt. Mit einem Küchenhandtuch bedecken und 20 Minuten im Kühlschrank ruhen lassen.

Inzwischen für die Dattelfüllung in einer kleinen Schüssel die Dattelpaste mit Butter und Sonnenblumenöl zu einer homogenen Masse verkneten.

Den Teig in zwei Hälften teilen. Die Arbeitsfläche leicht bemehlen und eine Teighälfte rechteckig (15 × 25 cm) ausrollen, restlichen Teig weiterhin kühl stellen. Das Rechteck der Länge nach in drei Streifen (à 5 × 25 cm) schneiden.

Den Backofen auf 180 °C Umluft vorheizen. Zwei Backbleche mit Backpapier belegen.

Ein Sechstel der Dattelfüllung auf der sauberen Arbeitsfläche zu einer langen, dünnen Wurst von 25 cm Länge rollen – sie sollte über die gesamte Länge gleichmäßig dünn sein.

Fortsetzung folgende Seite ...

Die Wurst an die Kante eines Teigstreifens platzieren und vorsichtig in den Teig einrollen, sodass die Füllung vollständig bedeckt ist – den Teig beim Rollen mit einem Palettenmesser sanft von der Arbeitsfläche lösen. Keine Sorge, wenn kleine Risse oder Löcher entstehen, sie lassen sich problemlos flicken.

Die gefüllte Teigrolle mit der Naht nach unten hinlegen und diagonal in rautenförmige Stücke von 4 cm Länge schneiden. Die restlichen Teigstreifen und die andere Teighälfte ebenso verarbeiten – Teigmenge und Füllung sollten für 35 Gebäckstücke reichen.

Das Dattelgebäck auf den Blechen verteilen und mit den Zinken einer Gabel mehrmals einstechen.

Das Dattelgebäck im Ofen 10 Minuten backen, bis es goldgelb ist. Aus dem Ofen nehmen und abkühlen lassen.

Das Gebäck nach Belieben unmittelbar vor dem Servieren mit Puderzucker bestäuben.

Dieses zwiebackartige süße oder herzhafte Gebäck oder Brot gibt es in irgendeiner Form in vielen Ländern dieser Welt. In Palästina nennen wir beide Varianten Arshaleh – Arshaleh Helweh und Arshaleh Malhaa. Das knusprige Gebäck lässt sich wunderbar in eine Tasse Tee oder Kaffee tunken oder in gesüßter warmer Milch getränkt zum Frühstück genießen.

Arshaleh sind relativ einfach gemacht, ein originelles Mitbringsel zu Weihnachten, zum Zuckerfest oder zu anderen Feierlichkeiten.

Ergibt 30 Stück

Zwieback mit Anis & Sesam

Arshaleh

100 ml Sonnenblumenöl, plus mehr für die Form
270 g Mehl (Type 405)
220 g Zucker
2 EL fein gemahlene Anissamen
2 TL Anissamen
1 TL Backpulver
⅓ TL Backnatron
3 Eier (Größe L)
1 TL Vanillepaste
100 ml Olivenöl

Garnitur
2 EL weißer Sesam

Den Backofen auf 170 °C Umluft vorheizen. Eine ofenfeste Form (25 × 35 cm) leicht einölen und mit Backpapier auskleiden.

Die trockenen Zutaten in einer mittelgroßen Schüssel sorgfältig vermengen.

Die Eier mit der Vanillepaste in der Schüssel einer Küchenmaschine mit dem Flachrührer bei hoher Geschwindigkeit 2 Minuten schaumig schlagen. Die Geschwindigkeit auf mittlere Stufe reduzieren, erst Sonnenblumen- und Olivenöl, dann die trockenen Zutaten hinzufügen. Alles 2 Minuten rühren und gleichmäßig vermengen – den Teig nicht zu lange bearbeiten.

Den Teig in die vorbereitete Form füllen und mit einem Spatel glatt streichen. Mit dem Sesam bestreuen und im Ofen 30 Minuten backen, bis der Teig am Rand und auf der Oberfläche ein wenig Farbe genommen hat.

Den Kuchen aus dem Ofen nehmen und vollständig abkühlen lassen. Anschließend mit einem Sägemesser längs durchschneiden und jede Hälfte in 15 Scheiben (à etwa 11 × 2 cm) schneiden. Die Scheiben auf ein mit Backpapier bedecktes Blech legen und von jeder Seite weitere 20 Minuten backen, bis sie goldbraun sind. Den Zwieback zwischendurch immer mal wenden.

Den Zwieback vollständig abkühlen lassen und anschließend in einem fest verschlossenen Behälter aufbewahren. An einem kühlen Ort gelagert hält er sich so einige Wochen.

Ma'akaroon aus dem Nahen Osten haben nichts mit den französischen Macarons zu tun. Die Makronen im Nahen Osten werden mit Grieß, Olivenöl und Anis zubereitet, frittiert und anschließend in Zuckersirup getränkt.

Dies ist eine etwas gesündere Version des buttrigen Gebäcks, die ganz einfach geht. Ich mache gern gleich eine große Portion und verschenke die Plätzchen zu Weihnachten.

Ergibt 15 Stück

Pistazienplätzchen mit Zitrone

Ma'akaroon

- 125 g Pistazienkerne, fein gemahlen
- 125 g gemahlene Mandeln
- 100 g Zucker
- ½ TL Mastix (s. S. 308, Glossar), gemahlen
- ⅓ TL Backpulver
- Salz
- 2 TL fein gehackte eingelegte Zitrone
- 1 TL Bio-Zitronenabrieb
- 1 TL Vanillepaste
- 1 EL flüssiger Honig
- 1 Ei, leicht verschlagen
- 15 g Butter, raumtemperiert
- 2–3 EL Puderzucker

Gemahlene Pistazienkerne und Mandeln, Zucker sowie Mastix, Backpulver und 1 Prise Salz in einer großen Schüssel verrühren, bis alles gleichmäßig vermengt ist. Eingelegte Zitrone, Zitronenabrieb, Vanillepaste, Honig, Ei und Butter mit einem Holzlöffel oder Spatel gründlich unterrühren. Der Teig sollte leicht klebrig ein.

Ein Backblech mit Backpapier belegen.

Den Puderzucker auf einen großen Teller sieben und den Teig zu walnussgroßen Bällchen (à etwa 30 g) rollen. Diese in dem Puderzucker wenden, bis sie rundherum gut bedeckt sind, und mit etwas Abstand auf das Blech platzieren. Zudecken und für 30 Minuten in den Kühlschrank stellen.

Den Backofen auf 175 °C Umluft vorheizen, dann die Plätzchen 10–12 Minuten backen, bis sie ein wenig Farbe genommen haben. Vor dem Servieren vollständig abkühlen lassen.

Die rohen gerollten Plätzchen lassen sich in einem fest verschlossenen Behälter mehrere Wochen einfrieren. Im gebackenen Zustand halten sie sich luftdicht verpackt bis zu 5 Tage.

Antebikh oder Ainabia ist eine für Hebron typische Traubenkonfitüre, die mit Anissamen zubereitet wird, was ihr den unverwechselbaren Geschmack verleiht. Traditionell wird die Konfitüre samt Kernen hergestellt.

Milchreis ist in der gesamten arabischen Welt beliebt, wird jedoch nicht so sehr als Nachspeise, sondern als sättigender und preiswerter Snack genossen. Das Tahini ist untypisch für diese berühmte Süßspeise, erweist sich bei diesem Rezept jedoch als perfekt und verleiht dem Reis cremigen Schmelz. Der wird leicht und duftend mit Aromen von Anis und Rosenwasser.

Für 6 Personen

Milchreis mit Tahini und Traubenkompott

Helou al Ruz ma' Antebikh

Milchreis
175 g ägyptischer Reis oder Rundkornreis
Salz
⅓ TL gemahlene Kurkuma
80 g Rohrohrzucker
90 g Tahini (Sesammus)
2 TL Rosenwasser

Traubenkompott
500 g kernlose dunkle Weintrauben
⅓ TL gemahlene Anissamen
2 EL Olivenöl

Garnitur
1 EL Butter
2 EL geröstete Pinienkerne

Den Reis abbrausen und 1 Stunde in reichlich kaltem Wasser einweichen.

Inzwischen für das Traubenkompott sämtliche Zutaten in einem mittelgroßen Topf vermengen, zum Kochen bringen und bei niedriger bis mittlerer Hitze etwa 15 Minuten garen. Die Trauben sollten weich sein und zu zerfallen beginnen. Zusätzlich einige Trauben mit einem Löffelrücken leicht zerdrücken. Vom Herd nehmen und abkühlen lassen.

Inzwischen für die Garnitur die Butter und die Pinienkerne in einem weiteren Topf bei mittlerer Temperatur unter ständigem Rühren 3–4 Minuten braten, bis die Pinienkerne goldbraun sind. Auf einem Teller mit Küchenpapier entfetten und beiseitestellen.

Den abgetropften Reis in einem großen Topf mit 600 ml Wasser bedecken. Noch ⅓ TL Salz und die gemahlene Kurkuma untermischen. Zum Kochen bringen, bei mittlerer bis starker Hitze 7 Minuten garen und regelmäßig umrühren. Die Hitze leicht reduzieren. Zucker, Tahini, Rosenwasser und weitere 400 ml Wasser untermischen. Alles weitere 7–10 Minuten garen, bis die Mischung dick ist – der Reis sollte noch etwas Biss haben.

Den Reis in Servierschalen anrichten und vor dem Servieren leicht abkühlen lassen. Oder zugedeckt einige Stunden kalt stellen.

Vor dem Servieren den Milchreis mit einigen Löffeln Traubenkonfitüre garnieren und mit den gerösteten Pinienkernen bestreuen.

Zu meinen Lieblingssorten unter den Mangos zählen Alphonso, Ataúlfo und Kent. Dies ist eine ebenso raffinierte wie simple Art, einen erfrischenden Nachtisch zu servieren, perfekt für den Sommer. Im Winter bieten sich tiefgefrorene Mangos für die Zubereitung dieser originellen geschichteten Cremespeise an.

Sie können die Creme auch in einer großen Glasschüssel servieren und erst am Tisch portionieren. Wie auch immer, sie wird bei Ihren Gästen garantiert Eindruck hinterlassen.

Für 6 Personen

Mangocreme mit salzigem Crumble

Helou al Manga

2 große oder 4 kleine sehr reife Mangos
25 g Zucker
Abrieb und Saft von 2 Bio-Limetten
450 g Sahne oder Crème double
1 TL Vanillepaste

Crumble
60 g Panko (jap. Semmelbrösel)
60 g Sonnenblumenkerne, grob gehackt
50 g Butter, zerlassen
1 TL Vanillepaste
½ TL gemahlener Zimt
⅓ TL Salz

Den Backofen auf 170 °C Umluft vorheizen und eine ofenfeste Form mit Backpapier auskleiden.

Für den Crumble das Panko und die Sonnenblumenkerne in der Form verteilen und im Ofen 10 Minuten goldgelb rösten. Herausnehmen und abkühlen lassen.

Sämtliche Zutaten für den Crumble, einschließlich angerösteter Panko-Mischung, in einer mittelgroßen Schüssel vermengen.

Die Mangos schälen und das Fruchtfleisch vom Kern schneiden – Sie benötigen etwa 600 g. Davon 400 g mit der Hälfte des Zuckers sowie der Hälfte des Limettenabriebs und -safts im Mixer in 1 Minute zu einem glatten Püree verarbeiten.

Das restliche Mangofleisch fein hacken und in eine kleine Schüssel füllen. Den restlichen Limettensaft und -abrieb sorgfältig unter diese Mangosalsa mengen und zugedeckt kalt stellen.

Ein Viertel der Sahne abnehmen und gekühlt beiseitestellen. Die restliche Sahne in einer Küchenmaschine oder mit dem elektrischen Handrührgerät auf hoher Stufe 1–2 Minuten steif schlagen, bis feste Spitzen stehen bleiben. Das Mangopüree sorgfältig unter die Schlagsahne ziehen.

Je etwa 2 EL vom Crumble in sechs Gläser oder Dessertschalen füllen, die Mangocreme darauf verteilen und so einige Stunden kalt stellen.

Zum Servieren die restliche Sahne (etwa 110 g) steif schlagen. Die Mangocreme mit etwas Mangosalsa und einer Sahnehaube garnieren, mit dem restlichen Crumble bestreuen.

Karawiyah ist ein köstliches Dessert von cremiger Konsistenz und delikatem Geschmack, eine einfache und stärkende vegane Leckerei, die oft nach einer Entbindung zubereitet wird.

Wie zahlreiche andere Gerichte aus der palästinensischen Küche ist Karawiyah ein typisches Beispiel dafür, wie man aus einer Handvoll Zutaten einen schmackhaften Happen zaubert. Dieser Pudding lässt sich warm wie kalt genießen, ich persönlich mag ihn am liebsten gut durchgekühlt.

Für 6 Personen

Milchpudding mit Kümmel, Nusskernen & Mandeln

Karawiyah

1 l ungesüßter Pflanzendrink oder Wasser
45 g Speisestärke
1 TL Vanillepaste
1 EL gemahlene Kümmelsamen
2 TL gemahlene Anissamen
⅓ TL gemahlener Zimt, plus mehr zum Bestreuen
1 Prise gemahlene Gewürznelken
100 g Agavensirup

Topping
40 g Walnusskerne, geröstet (s. S. 35) und leicht zerstoßen
25 g gehobelte Mandeln, geröstet
30 g Pistazienkerne, geröstet und grob gehackt
40 g Sultaninen oder Rosinen

Veganen Drink oder Wasser, Speisestärke, Vanillepaste und die gemahlenen Gewürze in einem mittelgroßen Topf verrühren, bis sich die Stärke aufgelöst hat. Die Mischung bei mittlerer Temperatur 5 Minuten erhitzen und mit einem Schneebesen ab und zu umrühren, bis sie dampft. Den Agavensirup unterrühren und weitere 4 Minuten schlagen, bis der Pudding eingedickt und von einer sämigen Konsistenz ist.

Den Pudding vom Herd nehmen und in eine Auflaufform oder Servierschale füllen. Mit Frischhaltefolie zudecken, sodass die Folie direkt auf der Oberfläche aufliegt, damit sich keine Haut bildet. Dann abkühlen lassen.

Anschließend sofort genießen oder kalt stellen und vor dem Servieren mit Nusskernen, Sultaninen oder Rosinen sowie 1 Prise Zimt bestreuen.

Ich habe schon oft im Ofen gebackene Pflaumen und auch anderes Steinobst auf diese Weise zubereitet. Der Kardamom passt hervorragend zu dieser Kombination.

Dies ist ein einfaches Dessert, doch nichts geht über den Duft von warmen, gewürzten Früchten, der nach einem Essen den Raum erfüllt. Bereiten Sie gleich die doppelte Menge zu und genehmigen Sie sich den Rest mit Joghurt zum Frühstück oder auf warmem Toast mit Labneh oder Frischkäse.

Für 4 Personen

Gebackene Pflaumen mit Sumach, Kardamomsahne & Pistazienkernen

Barquq bil Sumac w al Creama

8 Pflaumen (ca. 360 g)
3 Kardamomkapseln
1 TL Sumach
3 EL flüssiger Honig
Abrieb von ½ Bio-Orange
1 TL Zitronensaft

Kandierte Pistazienkerne
45 g Zucker
⅓ gemahlener Zimt
Salz
70 g Pistazienkerne

Kardamomsahne
300 g Sahne
3 TL Honig
gemahlener Kardamom

Den Backofen auf 180 °C Umluft vorheizen.

Die Pflaumen halbieren, entsteinen und mit den Schnittflächen nach oben in ein Blech oder eine ofenfeste Form legen, in der sie nebeneinander gerade so Platz haben.

Die Kardamomkapseln aufbrechen, die Samen in einem Mörser fein mahlen. Mit Sumach, Honig, Orangenabrieb, Zitronensaft und 1 EL Wasser vermengen. Die Mischung über die Früchte träufeln. Die Pflaumen im Ofen etwa 20 Minuten backen, bis sie fast zerfallen.

Inzwischen für die kandierten Pistazienkerne ein Backblech mit Backpapier auslegen und neben dem Herd bereitstellen. Zucker, Zimt, 3 EL Wasser und 1 Prise Salz in einer großen Pfanne bei mittlerer Temperatur erhitzen, bis sich der Zucker fast aufgelöst hat. Ab und zu umrühren. Die Pistazienkerne darin unter gelegentlichem Rühren (damit sie nicht verbrennen) weitere 3–4 Minuten garen, bis sämtliche Flüssigkeit verdampft ist und der Zucker auf den Pistazien kristallisiert. Die kandierten Pistazienkerne auf das mit Backpapier ausgelegte Blech kippen und rasch verteilen, damit sie nicht aneinanderkleben. Vollständig abkühlen lassen.

Für die Kardamomsahne die Sahne mit Honig und gemahlenem Kardamom (Menge nach Geschmack) in einer Küchenmaschine oder mit dem elektrischen Handrührgerät bei mittlerer Geschwindigkeit 3–5 Minuten aufschlagen, bis weiche Spitzen stehen bleiben.

Die gebackenen Pflaumen auf vier Tellern anrichten und mit der Kardamomsahne garnieren. Großzügig mit den kandierten Pistazienkernen bestreuen und servieren.

Die beiden einzigen konkurrierenden Eismacher in Palästina, Al Arz und Rukab, sind Familienunternehmen. Sie begannen um 1940 hausgemachtes Eis herzustellen, das in den Straßen Jerusalems, Ramallahs und anderer Städte verkauft wurde. Beide Unternehmen sind immer noch in Betrieb und machen großen Umsatz.

Palästinensisches Eis, auch *bouza* oder »arabisches Eis« genannt, ist ein einzigartiger klirrend kalter Genuss von ganz eigener Konsistenz und besonderem Geschmack. Dank Mastix (Gummiharz) und Salep (einem stärkehaltigen Extrakt aus einer Orchideenwurzel) ist das Eis, wenn es auf traditionelle Art hergestellt wird, elastisch und von zähem Biss.

Zu den beliebtesten Eissorten in Palästina gehören Pistazie, Rosenwasser und verschiedene Früchte. Das Eis wird gern mit gehackten Nusskernen bestreut oder in einer Waffel mit Sesamkruste serviert. Palästinensisches Eis ist im Nahen Osten eine beliebte Nachspeise und wird in Eisdielen oder auch an Straßenständen in der gesamten Region angeboten.

Für 6–8 Personen

Granatapfeleis mit Labneh

Bouza bil Labneh w al Rumman

- Samen von 1–2 Granatäpfeln (300 g), plus mehr zum Garnieren
- 120 g Labneh (s. S. 23)
- 385 g gezuckerte Kondensmilch
- Abrieb und Saft von 2 Bio-Limetten (60 ml)
- 2 EL Rosenwasser
- Salz
- 300 g Sahne oder Crème double
- 2 EL Puderzucker
- natives Olivenöl extra zum Beträufeln

Die Granatapfelsamen im Mixer auf hoher Stufe 2 Minuten zu einer glatten, homogenen Paste zermahlen. Diese in ein feines Sieb über einer Schüssel schütten und mit einem Löffelrücken durchstreichen – Sie benötigen insgesamt 200 ml Saft.

In einer großen Schüssel den Granatapfelsaft mit Labneh, Kondensmilch, Abrieb und Saft der Limetten, Rosenwasser und ⅓ TL Salz sorgfältig verrühren, bis die Mischung glatt ist.

Die Sahne und den Puderzucker in einer Küchenmaschine oder mit dem elektrischen Handrührgerät auf hoher Stufe 2–3 Minuten steif schlagen, bis die Masse feste Spitzen zieht. Etwa ein Viertel der Sahne mit einem Gummispatel behutsam unter die Granatapfelmasse ziehen und gleichmäßig einarbeiten.

Die restliche Sahne unterheben, indem Sie mit dem Spatel am Rand entlangfahren und die Masse zur Mitte hin behutsam umwälzen. Jedoch nicht zu energisch rühren, sonst fällt sie wieder zusammen.

Die Eismasse in eine Kastenform (2 l Fassungsvermögen) oder einen anderen geeigneten Behälter füllen, mit Frischhaltefolie zudecken oder mit einem Deckel verschließen. Mindestens 6 Stunden einfrieren.

Vor dem Servieren das Eis für 10 Minuten in den Kühlschrank stellen, anschließend portionieren, in Schalen anrichten und mit Granatapfelsamen sowie nativem Olivenöl extra garnieren.

Diese herrlichen Kokostrüffel werden aus gesüßter Kondensmilch zubereitet und in Schokolade getaucht. Ein himmlischer Genuss, am besten in Gesellschaft. Sie sind ganz einfach zusammengemischt und im Handumdrehen fertig.

Ergibt 25 Stück

Kokos-Schoko-Trüffel mit Rosenblättern

Jawz al Hind bil Shukulata

240 g feine Kokosraspel
180 ml vegane (oder herkömmliche) gezuckerte Kondensmilch
1 TL Kokosöl
1 TL Vanillepaste
Salz
260 g Zartbitterschokolade (75 % Kakaoanteil), grob gehackt

Ummantelung
Meersalzflocken
getrocknete unbehandelte Rosenblütenblätter
gemahlene Pistazienkerne (nach Belieben)

In einer großen Schüssel die Kokosraspel mit Kondensmilch, Kokosöl, Vanillepaste und ½ TL Salz sorgfältig verrühren.

Die Mischung für 30 Minuten in den Kühlschrank stellen, damit sie sich etwas verfestigt.

Sobald sich die Masse formen lässt, diese in kleinen Portionen zu kugelrunden Trüffeln (à etwa 15 g) rollen.

Die Trüffel auf ein mit Backpapier bedecktes Blech oder Tablett legen und erneut für 20 Minuten in den Kühlschrank stellen.

Während die Trüffel durchkühlen, die Schokolade in der Mikrowelle oder im heißen Wasserbad schmelzen. (Für das Wasserbad eine hitzebeständige Schüssel auf einen Topf mit leicht siedendem Waser setzen.)

Die gekühlten Trüffel einzeln in die flüssige Schokolade tauchen, bis sie rundherum vollständig bedeckt sind.

Die mit Schokolade überzogenen Trüffel wieder auf das Blech legen und mit Meersalzflocken, getrockneten Rosenblättern und gemahlenen Pistazienkernen (falls verwendet) bestreuen. Die Kokos-Schoko-Trüffel vor dem Servieren für weitere 15–20 Minuten in den Kühlschrank stellen, bis die Schokolade ausgehärtet ist.

Der Star der Show ist hier natürlich das Knafeh (s. S. 308, Glossar), eine Institution in Palästina und nicht weniger beliebt in den Nachbarländern. Die Crème de la Crème des Knafeh stammt aus Nablus, wo dieses köstliche Naschwerk angeblich erfunden wurde.

Ich möchte noch von Ashtah erzählen. Ashtah ist das nahöstliche Pendant zur britischen Clotted Cream, einem dicken Streichrahm. Es wird für zahlreiche Desserts im Nahen Osten verwendet und variiert von Land zu Land. Im Libanon wird Ashtah auf die gleiche Weise hergestellt wie Clotted Cream: Milch wird aufgekocht und dann wird die klebrige Schicht, die sich an der Oberfläche absetzt, abgeschöpft – ein langsamer und zeitaufwendiger Prozess. Bei einem anderen Verfahren wird der kochenden Milch Essig oder Zitronensaft zugesetzt, um die Gerinnung zu fördern. Bei diesem Rezept habe ich den Prozess mit einer Kombination aus mit Speisestärke angedickter Milch und Sahne abgekürzt.

Um auch die Fertigstellung abzukürzen, können Sie den Ashtah-Rahm und den Zuckersirup 1–2 Tage im Voraus zubereiten.

Für 8–10 Personen

Knafeh (Kunafa) mit Ashtah

Knafeh bil Ashtah

500 ml Milch
250 g Sahne
2 EL Zucker
45 g Speisestärke
½ TL Mastix (s. S. 308, Glossar)
1 EL Orangenblütenwasser
400 g frisches Knafeh (Kataifi/Engelshaar; aus dem arabischen Lebensmittelhandel) oder TK-Ware, aufgetaut
200 g Butter, zerlassen
70 g Pistazienkerne, fein gehackt

Zuckersirup
300 g Zucker
2 EL Zitronensaft
1½ EL Orangenblütenwasser

Für den Zuckersirup den Zucker mit 200 ml Wasser in einem kleinen Topf verrühren. Bei mittlerer bis starker Hitze zum Kochen bringen. Den Zitronensaft einträufeln und alles 5 Minuten köcheln lassen; mit einem Holzlöffel ab und zu umrühren. Das Orangenblütenwasser unterrühren, den Sirup vom Herd nehmen und vollständig abkühlen lassen.

Milch, Sahne, 1 EL Zucker und Speisestärke in einem mittelgroßen Topf gut verrühren, bis sich die Stärke aufgelöst hat.

Den restlichen Zucker (1 EL) und das Mastix im Mörser fein zermahlen. In die Milch-Sahne-Mischung rühren, bei mittlerer Hitze leicht zum Sieden bringen und unter ständigem Rühren etwa 5 Minuten garen, bis die Stärke gebunden hat und die Creme die Konsistenz von Pudding angenommen hat.

Das Orangenblütenwasser unterrühren. Das Ashtah in eine Schüssel gießen und direkt auf der Oberfläche mit Frischhaltefolie bedecken, damit sich keine Haut bildet. So bei Raumtemperatur 30 Minuten abkühlen lassen und anschließend bis zur weiteren Verwendung in den Kühlschrank stellen (Ashtah sollte stets kalt verarbeitet werden).

Den Backofen auf 180 °C Umluft vorheizen. Eine runde Backform (Ø 30 cm – jede andere Form geht auch) mit Backpapier auslegen.

Das Engelshaar in einer großen Schüssel ein wenig auflockern und die Fäden mit einer Küchenschere in 3 cm lange Stücke schneiden – es macht nichts, wenn sie ungleichmäßig sind, auf den Genuss hat das keinen Einfluss. Die flüssige Butter über die Teigfäden gießen und mit den Händen gründlich einmassieren. Die Teigfäden wenden und durchheben, bis sie von Butter bedeckt sind.

Die Hälfte der gebutterten Teigfäden in die Backform legen, mit der Hand sanft hineinpressen. Das Ashtah darauf gleichmäßig verstreichen (möglichst sanft, um die Teigschicht darunter nicht zu zerstören) und anschließend mit dem restlichen Engelshaar bedecken. Sanft andrücken, um die Oberfläche zu glätten. Das Knafeh im Ofen etwa 50 Minuten backen. Die Ofentemperatur auf 200 °C Umluft erhöhen und das Knafeh weitere 15 Minuten backen, bis der Teig am Rand goldbraun und in der Mitte goldgelb ist.

Das Knafeh aus dem Ofen nehmen, mit einem scharfen Messer rundherum vom Formrand lösen und 5 Minuten abkühlen lassen. Langsam den größten Teil des Zuckersirups über das Knafeh gießen und mit den gehackten Pistazienkernen bestreuen. Warm mit dem restlichen Zuckersirup servieren.

Glossar

Dieses Glossar ist relativ umfangreich. Es soll jedoch lediglich schnell und kurz informieren und wird nicht der Fülle an Fakten gerecht, die sich aus den unterschiedlichsten Blickwinkeln über die Zutaten vermitteln ließe.

Wie bei allen Zutaten variiert die Qualität der im Handel angebotenen Produkte enorm. Ein guter Anhaltspunkt ist der Preis, da gute Qualität nun mal etwas mehr kostet. Darüber hinaus sind Produkte aus ihrem Ursprungsland und aus fairem Handel, beispielsweise Gewürze, immer die »authentischere« (und damit schmackhaftere) Wahl. Eine Za'atar-Gewürzmischung sollte aus nur vier Zutaten bestehen – getrocknetem Za'atar, Sumach, Sesam und Salz –, viele Mischungen enthalten jedoch weitere nicht traditionelle Zutaten. Lesen Sie also immer erst das Etikett der Produkte, um sich zu vergewissern. Bei Sumach, Za'atar und Tahini bietet der arabische Lebensmittelhandel die besten Produkte. Im Supermarkt oder online erhältliche Produkte sind aber auch in Ordnung.

Vor dem Hintergrund, dass es für ein und dieselbe Sache häufig mehrere Schreibweisen gibt, wie Kebbeh, Kibbeh und Kubbet zum Beispiel, oder Khubz oder Khobz, habe ich mit dem Verlag einen Weg gewählt, der uns als Mix der kulturellen Spracheinflüsse am sinnvollsten für die eingedeutschten Begriffe erschien.

Und noch ein letzter Hinweis: Sofern nicht anders angegeben, handelt es sich bei den von mir verwendeten Eiern um Größe M.

Adha: Arabisch für »gießen/verschütten«, eine Technik ähnlich dem *tarka* in der indischen Küche oder dem türkischen *kızgın tereyağı*. Adha ist eine Mischung aus Knoblauch, Gewürzen und frischen Kräutern, die in Butter, Ghee oder Öl geröstet und über die servierfertige Speise geträufelt wird, um Geschmack und Konsistenz abzurunden. Es kommt als finales i-Tüpfelchen bei einer Vielzahl von Gerichten zum Einsatz, darunter Eintöpfe, Suppen und Dips.

Akkawi: Ein halbfester Käse aus der Hafenstadt Akkon, der in Salzlake eingelegt und gewöhnlich zum Frühstück genossen oder wie Feta für Salat verwendet wird. Auch für Süßspeisen wie Knafeh kommt er zum Einsatz, wo er einen salzigen Kontrast zu den süßen, sirupgetränkten Teigfäden setzt. In der Kombination mit Süßspeisen muss Akkawi zuvor in mehrfach gewechseltem Wasser entsalzt werden.

Aleppo-Chiliflocken: Nach der syrischen Stadt Aleppo benannte getrocknete Chiliflocken, die für ihre moderate Schärfe und ihr süßliches Aroma bekannt sind, ähnlich dem türkischen Pul Biber. Die Flocken können über alle möglichen Gerichte gestreut werden, sie dienen insbesondere dazu, den Geschmack von Eierspeisen abzurunden. Auch werden sie in Butter oder Öl geröstet und anschließend über Eintöpfe und Suppen geträufelt.

Baharat: Wörtlich »Gewürz« auf Arabisch, ist eine vielseitig verwendbare Gewürzmischung, die je nach Region und Haushalt unterschiedlich zusammengesetzt ist. In der Regel besteht sie aus schwarzen Pfefferkörnern, Korianderkörnern, Zimt, Gewürznelken, Piment, Kreuzkümmel, Kardamom und Muskatnuss. Baharat verleiht herzhaften wie süßen Gerichten eine unterschwellige süßliche Note.

Dibs: Bezeichnet im Arabischen einen dicken, süßen Sirup, der wahlweise aus Datteln, Weintrauben, Johannisbrotfrüchten oder Granatäpfeln hergestellt wird. Er ist in vielen Küchen des Nahen Ostens zu Hause und wird sowohl für herzhafte als auch für süße Gerichte verwendet. Dibs wird gern über Pfannkuchen, Waffeln oder Porridge geträufelt. Er lässt sich auch mit Tahini vermischt zu einem nahrhaften Aufstrich verarbeiten. In einigen Regionen des Nahen Ostens wird Dibs in Form von Granatapfelsirup eingesetzt, um würzigen Zubereitungen wie Marinaden und Gemüseeintöpfen mehr Tiefe zu verleihen.

Dibs al-inab (Traubensirup): Zu einem dicken Sirup eingekochter Traubensaft. Er hat eine fruchtige Süße mit einem leicht säuerlichen Akzent.

Dibs al-tamr (Dattelsirup): Dieser Dibs wird aus dem Saft reifer Datteln hergestellt, der zu einem dicken, gehaltvollen Sirup eingekocht wird.

Dillsamen: Die im Duft an Kümmel und im Geschmack an Anis erinnernden Samen verleihen Gerichten eine würzige Wärme. Dillsamen harmonieren gut mit säurehaltigen Partnern wie Zitronensaft und finden in der Küche Gazas häufig Verwendung, vor allem für Dagga, einen pikanten Tomatensalat. Falls nicht erhältlich, lassen sie sich durch Selleriesamen oder Kümmelsamen ersetzen.

Ägyptischer Reis: Ein Rundkornreis von zugleich cremiger und fester Beschaffenheit, der daher besonders gut für langsam gegarte Zubereitungen wie gefülltes Gemüse oder gefüllte Weinblätter geeignet ist. Er lässt sich durch Risotto- oder Milchreis ersetzen.

Fatteh: Fatteh bedeutet so viel wie »zerbrochen« auf Arabisch und bezeichnet eine in der gesamten Levante verbreitete Zubereitungsart, bei der Fladenbrot in Stücke gerupft und in eine Form geschichtet wird. Ist das Brot frisch und ungeröstet, saugt es die Sauce auf und verschmilzt mit den anderen Zutaten. Zuvor geröstet, sorgt es für ein bisschen Crunch. In diesem Fall kann man es auch als »Essbesteck« zum Aufnehmen der anderen Zutaten verwenden.

Freekeh: Ein geschroteter Hartweizen, der unreif geerntet und über dem offenen Feuer gedörrt wird, um die Spreu zu verbrennen. Dieses Verfahren verleiht dem Weizen eine wunderbare rauchig-nussige Note. Freekeh ist im gut sortierten Supermarkt, im Feinkosthandel, in Naturkostläden und online erhältlich und bedingt durch Grünkern (unreif geernteten Dinkel), groben Bulgur oder Perlgraupen ersetzbar.

Knafeh-Teig (Kadaifi): Das in der gesamten Levante sowie in der Türkei und in Griechenland verbreitete Knafeh oder Kadaifi (auch »Engelshaar« genannt) besteht aus langen, dünnen Teigfäden, die Filo-Teig ähneln. Knafeh wird zu verschiedenen süßen und salzigen Füllungen verarbeitet und anschließend gebacken oder frittiert. Dabei entwickelt das Gebäck eine appetitliche goldene Farbe und eine knusprige Konsistenz. Für Süßspeisen wird es anschließend oft mit Zuckersirup getränkt. Engelshaar ist frisch oder als TK-Ware im arabischen, türkischen und griechischen Lebensmittelhandel erhältlich.

Maftoul: Auch als »palästinensischer Couscous«, »Riesen-Couscous« oder »Perl-Couscous« bekannt. Maftoul wird aus sonnengetrocknetem geschrotetem Bulgurweizen hergestellt und in Mehl zu pastaähnlichen Kugeln (eben den »Perlen«) gerollt. Maftoul wird als Einlage für Suppen und Eintöpfe verwendet oder mit Kichererbsen zu Fleisch oder Fisch serviert. Falls nicht zu finden, bietet sich Fregola (kleine Hartweizennudeln) als Alternative an.

Mahleb: Ein Gewürz von nussigem, leicht bitterem mandelartigem Aroma, das aus den gemahlenen Kernen der Felsenkirsche gewonnen wird. Es wird für Brot und süßes Gebäck verwendet, dem es einen einzigartigen Geschmack verleiht. Auch als Aroma für Kekse, Zuckersirup und Sahne ist es geeignet. Mahleb lässt sich durch eine geringe Dosis Mandelextrakt ersetzen.

Mastix (Gummiharz): Ein aus dem vornehmlich auf der griechischen Insel Chios beheimateten Mastixbaum gewonnenes Harz. Mastix hat einen ganz eigenen Geschmack, der an Fenchel, Anis und Minze erinnert. Es wird für verschiedene Gerichte wie Eiscreme, Konfitüren, Cremespeisen und Suppen verwendet, um Geschmack und Konsistenz zu verbessern. Mastix lässt sich nicht eins zu eins ersetzen.

Nabulsi: Ähnlich dem Akkawi-Käse ist der Nabulsi ein in Salzlake eingelegter halbfester Käse, der zu gleichen Teilen aus Schafs- und Ziegenmilch hergestellt und mit Mastix, Mahleb sowie Schwarzkümmelsamen gewürzt wird. Für herzhafte wie für süße Gerichte einsetzbar.

Rote Paprikapaste (Paprikamark): Das im Türkischen auch als *biber salçası* bekannte Paprikamark ist eine viel verwendete Zutat in der Küche des Nahen Ostens. Es wird aus gehackten roten Paprikaschoten hergestellt, die zu einer dicken, konzentrierten Paste eingekocht und in der gleichen Weise wie Tomatenmark verwendet werden. Es gibt die Varianten scharf und mild.

Sumach: Ein herb-säuerliches Gewürz, das aus den getrockneten und gemahlenen Früchten des Gerber-Sumachs gewonnen und in der palästinensischen Küche häufig für geschmortes Gemüse, Fleisch, Fisch und Eierspeisen verwendet wir. Auch langsam geschmorte Zwiebeln für traditionelle Gerichte wie *musakhan* (Brathähnchen) werden mit Sumach verfeinert.

Tahini: Eine cremige, nussige und gießfähige Paste aus gemahlenem Sesam, die in der Küche des Nahen Ostens häufig Verwendung findet. Man kann Tahini über geröstetes Gemüse, Fleisch oder Fisch träufeln, auf Toast streichen oder über Eiscreme löffeln. Ich bevorzuge das eher cremige Tahini libanesischer oder palästinensischer Hersteller gegenüber den Produkten aus Griechenland oder Zypern, da diese Version geschmeidiger und leichter zu verarbeiten ist.

Za'atar: Za'atar bezeichnet sowohl das Kraut einer im Nahen Osten wild wachsenden Thymianart (*Origanum syriacum*) mit kräftiger Oreganonote als auch eine in der palästinensischen Küche häufig verwendete Gewürzmischung, die aus dem getrockneten Kraut, geröstetem Sesam, Sumach und Salz besteht. Sie ist von intensivem Aroma mit komplexen Noten: Oregano, Majoran, Kreuzkümmel, Zitrone, Salbei und Minze. Za'atar wird vielseitig eingesetzt, etwa zum Würzen von Eierspeisen, Salaten, gegrilltem Fleisch oder Fisch. Die Gewürzmischung serviert man auch gern zu Brot mit Olivenöl zum Dippen.

Red pepper Paste

Register

Fett gedruckte Seitenzahlen verweisen auf Fotos der Gerichte.

G

H

J

K

L

M

N

O

P

Über den Autor

Sami Tamimi ist Koch, Gastronom und Kochbuchautor palästinensischer Herkunft, der abwechselnd in London und im italienischen Umbrien lebt. Sami wuchs in der Altstadt von Jerusalem auf, bevor er sich auf eine Reise der Selbstfindung begab, die ihn zunächst nach Tel Aviv und später nach London führte.

Samis Leidenschaft für das Essen, die später zu einer regelrechten Obsession werden sollte und in mittlerweile mehr als 35 Jahren gastronomische Erfahrung mündete, begann bereits in jungen Jahren in der Küche seiner Mutter. Seine berufliche Karriere begann Sami im Alter von 17 Jahren als Portier im *Mount Zion Hotel* in Jerusalem, wo er schnell zum Frühstückskoch aufstieg. Danach arbeitete er in verschiedenen Restaurants, Cafés und sogar in einer Krankenhausküche, um möglichst viel Erfahrung zu sammeln und seine Kenntnisse zu vertiefen.

Mit 21 Jahren zog es Sami nach Tel Aviv, wo er ein kleines Catering-Unternehmen gründete und in mehreren Restaurants arbeitete, bis er schließlich eine Stelle im *Lilith* antrat, damals einem der renommiertesten Restaurants Israels. Er arbeitet sich zum Chefkoch hoch und wirkte fünf Jahre lang an der Seite von Karen Hendler-Kremerman, die er als seine Mentorin bezeichnet.

1997 erfolgte der Umzug nach London, wo Sami die Leitung der *Savoury Kitchen* bei *Baker & Spice* übernahm. Das Bäckereigeschäft in Chelsea gab ihm die Freiheit, sein Talent und seine Kreativität in der Feinkostabteilung unter Beweis zu stellen, die sich zu einem florierenden Catering-Service entwickelte und *Baker & Spice* zu einer festen Größe auf der gastronomischen Landkarte Londons machte. Das Unternehmen schrieb Samis Erbe fort und betreibt heute zahlreiche weitere Filialen in London und anderen Teilen der Welt.

Im Jahr 2002 tat sich Sami mit Yotam Ottolenghi (den er bei *Baker & Spice* kennengelernt hatte) und Noam Bar zusammen, um in Notting Hill das erste Ottolenghi-Feinkostgeschäft zu eröffnen. Seither hat sich das Unternehmen mit weiteren Standorten in London ständig vergrößert, darunter fünf Feinkostläden inklusive der beiden Restaurants *NOPI* und *ROVI*.

Das Konzept, das Sami und Yotam im Ottolenghi-Geschäft entwickelten, erwies sich vom ersten Tag an als großer Erfolg. Sie servieren ihre typischen, zum Markenzeichen gewordenen Speisen und Backwaren, bieten Catering und betreiben zwei gut besuchte Restaurants im Zentrum von London. Im Laufe der Jahre war Sami für die Kreativabteilung und für die Nachwuchsförderung im Unternehmen verantwortlich.

Sami und Yotam haben gemeinsam zwei von der Kritik hochgelobte Kochbücher veröffentlicht, *Ottolenghi* und *Jerusalem*. Letzteres wurde mit zahlreichen Preisen ausgezeichnet, darunter dem International Book Award der James Beard Foundation im Jahr 2013. *Jerusalem* gilt als Initialzündung für die Gründung vieler Kochbuchclubs auf der ganzen Welt.

Samis drittes Kochbuch *Palästina* mit Co-Autorin Tara Wigley wurde 2021 von *Fortnum & Mason* zum Kochbuch des Jahres gekürt, 2022 für den James Beard Award nominiert, es gewann den IACP Award und landete auf der Longlist für den The Art of Eating Prize 2021.

فلسطين حرة
FREE PALESTINE
JAZZ AGAINST

Danksagung

Mein größter Dank gilt meinen Eltern Hassan und Na'ama, die meine Küche immer wieder aufs Neue inspirieren.

Danke an Tamara Gillon und Zahra Saaidi, die mit mir die Rezepte durchgekocht haben.

Ein dickes Dankeschön an Basia Murphy für deine Freundschaft und dass du es auf dich genommen hast, das Buch komplett durchzulesen, bevor es an den Verlag ging.

Ich danke Jeremy für seine Unterstützung, dafür, dass er mich in den letzten 20 Jahren ertragen hat und immer bereit war, meine ewig gleichen Kreationen zu essen.

Danke auch an den Tamimi-Clan, Sawsan, Kawthar, Olla, Adel, Adnan und Azam. Ich liebe euch alle.

Wie immer schulde ich Jane Finigan und Felicity Rubinstein großen Dank.

Ein großes Dankeschön an das Team meines britischen Verlags: Liv Nightingall, Steph Milner, Joel Rickett, Celia Palazzo, Stephenie Reynolds, Lara McLeod, Anjali Nathani und Lizzy Gray.

Dank auch an Kim Witherspoon und das Team in Nordamerika: Aaron Wehner, Katherine Tyler, Molly Birnbaum, Maria Zizka und Robert McCullough.

Für die Gestaltung und das Layout des Buches danke ich Claire Rochford. Für die Fotografie gilt mein großer Dank Ola Ostaszewska Smit und Issy Croker: Ich schätze mich sehr glücklich, euch als Food-Fotografen zu haben; danke Martyna Wlodarsk für die Assistenz. Für Requisiten und Ausstattung geht mein Dank an Wei Tang, Charlie Phillips und Louie Waller. Dank für die Bearbeitung und das Korrekturlesen an Annie Lee und Imogen Fortes.

Auch Rafaella, Ianthe, Frances und dem restlichen Team von TONIC STUDIO gebührt meine große Anerkennung.

Danke Pierre Malouf und Noor Murad für eure Freundschaft und euren Humor.

Ein besonderer Dank geht an Helen Goh, Tali Levin, Eric Rodari und Wei Tang.

Dankeschön MaryAnn Jaraisy für die Freundschaft und Unterstützung. Danke an Umayya und Samia Abu Hanna und den Rest des Hummus Academy Teams.

Ein besonderes Dankeschön an die Familie Kelly Penny, George, Maureen, Georgina, Louis und Darren.

Danke an Gianluca Piermaria und seine Familie, die mich als ein Familienmitglied aufgenommen und mit all ihren köstlichen italienischen Speisen gefüttert haben.

Einen großen Dank an meinen Freund Dr. Ramzi Khamis und seine Familie.

Danke, Alejandra Chavero – du bist mehr als eine Familie für mich. Und einen großen Dank an deine liebe Mutter Maria für die Fürsorge und Inspiration.

Danke an Reg und Bea alias Bobo und Bibi für die große Freude, die sie in unser Leben bringen.

Für die deutsche Ausgabe:
Projektbetreuung Muriel Magon
Herstellungskoordination Claudia Rode
Herstellung Stefanie Staat

Übersetzung Helmut Ertl
Lektorat Annika Genning

Titel der englischen Originalausgabe:
Boustany - A celebration of vegetables from my Palestine

Der Originaltitel erschien 2025 in Großbritannien bei Ebury Press,
ein Unternehmen von Penguin Random House UK

Rezepte & Texte Sami Tamimi
Fotografie Ola O. Smit & Issy Croker
Fotografie Assistenz Martyna Wlodarska
Design Claire Rochford
Propstyling Louie Waller, Charlie Phillips & Wei Tang
Foodstyling Tamara Gillon, Lara Cook & Noor Murad

ISBN 978-3-8310-5083-3
5902-970876-23991-01

Druck und Bindung L.E.G.O. S.p.A., Italien

FSC www.fsc.org MIX Papier | Fördert gute Waldnutzung FSC® C018179

www.dk-verlag.de

Hinweis
Die Informationen und Ratschläge in diesem Buch sind vom Autor und vom Verlag sorgfältig erwogen und geprüft, dennoch kann eine Garantie nicht übernommen werden.
Eine Haftung des Autors bzw. des Verlags und seiner Beauftragten für Personen-, Sach- und Vermögensschäden ist ausgeschlossen.

Hinweis
Soweit nicht anders angegeben, beziehen sich die Temperaturangaben für den Ofen auf Ober- und Unterhitze. Bei Umluft verringert sich die Temperatur um etwa 20 °C. Beachten Sie hierzu gegebenenfalls auch die Angaben des Herstellers.